市民议事会视角下的女性基层社会治理参与研究

卓惠萍　著

山东大学出版社

图书在版编目（CIP）数据

市民议事会视角下的女性基层社会治理参与研究 / 卓惠萍著. —济南：山东大学出版社，2020.10

ISBN 978-7-5607-6758-1

Ⅰ.①市… Ⅱ.①卓… Ⅲ.①妇女－参与管理－研究－中国－现代 Ⅳ.①D442.6

中国版本图书馆 CIP 数据核字（2020）第 196304 号

责任编辑 傅 侃
封面设计 荣树云

出版发行 山东大学出版社
社　　址 山东省济南市山大南路 20 号
邮政编码 250100
发行热线 （0531）88363008
经　　销 新华书店
印　　刷 济南华林彩印有限公司
规　　格 720 毫米×1000 毫米 1/16
　　　　 10 印张 120 千字
版　　次 2020 年 10 月第 1 版
印　　次 2020 年 10 月第 1 次印刷
定　　价 58.00 元

目　录

第一章　导　论

第一节　问题缘起

十八届三中全会决议首次提出推进国家治理体系和治理能力现代化，用社会治理代替了社会管理，虽然表面上是一字之差，但这却代表着执政理念的变化创新。社会治理的一个显著特征就是治理主体的多元化，这意味着除政府外，治理主体还包括企业组织、社会组织和居民自治组织；社会治理强调政府与社会的互动，在此语境中，社会不仅是被管理的对象，也应是治理的主体。十九大在共建共享社会治理格局基础上，突出共治理念，要求推动社会治理重心向基层下移，发挥社会组织作用，实现政府治理和社会调节、居民自治良性互动。十九届四中全会则明确指出，要坚持和完善共建共治共享的社会治理制度，加强和创新社会治理，完善党委领导、政府负责、民主协商、社会协同、公众参与、法治保障、科技支撑的社会治理体系，建设人人有责、人人尽责、人人享有的社会治理共同体。① 综上不难看出，我国社会治理模式在根植于实践创新的基础上不断调整完善，社会治理共同体则更为凸显公民个体作为参与者在其中的作用，要求人人都应担责尽责，贡献力量。因此，占有近一半人口的女性参与社会治理是应有之义。

社会治理的力量支撑在基层，问题也在基层，要重视基层社会治理。"基础不牢，地动山摇"，基层社会治理事关人民安居乐业，事关社会安定有序，事关国家长治久安。自十八届三中全会以来，党和政府都强调要在以人民为中心的发展思想指导下，秉持共建共治共享理念，创新治理方式，拓宽治理参与渠道，依法有序引导群众参与社会治理。这实则为妇女参与基层社会治理提供了机会和条件。在过去几十年中，在"妇女能顶半边天"的国家意志、男女平等的宪法原则以及基本国策等的指导下，女性在政治、经济、文化、社会和文化等公共领域的地位得到了极大提升。女性群体是我国宝贵的人力资源和人才资源，这已成为社会共识。现实中女性参与基层社会治理的具体状况到底如何，是一个值得关注和研究的课题。

参与基层社会治理的方式多种多样，政治参与也是其中之一。政治参与扩大是政治生活的一种重要现象。政治参与

① 《中共中央关于坚持和完善中国特色社会主义制度 推进国家治理体系和治理能力现代化若干重大问题的决定》，新华网，2019-11-05。

是政治现代化过程当中，社会成员和社会共同体的权利意识和权利主张的多元化成长过程，并促成社会力量和国家权力的相互影响与妥协、合作的关系。换言之，政治参与是指一个国家的个人或团体通过某种方式涉入政治过程，以表达利益或施加影响。[①] 女性作为政治参与的重要群体，她们积极参与政治，不仅能够体现妇女作为普通公民的利益和愿望，而且还能体现妇女这一群体的特殊利益和要求，有利于促进国家决策的科学化和民主化，促进民主政治建设的发展。国际上，妇女的政治参与程度早已成为衡量一个国家社会发展和文明进步的重要指标之一。在我国，妇女政治参与问题也一直受到党和政府及社会各界的高度关注。

然而遗憾的是，长期以来国内各界对妇女政治参与的关注，更多在于如何提升妇女的权力参与，即提高掌握政治权力的妇女的比例，也就是说让更多的妇女担任各级政府、政党、企事业单位、非政府组织的领导人与管理者。为达致目标，许多地方尤其是基层积极探索，多方协作，形成了多种推动妇女参政的模式。[②] 在此过程中妇女的政治参与意识有

① 参见周庆智：《当代中国的政治参与——政治现代化意义上的讨论》，《哈尔滨工业大学学报（社会科学版）》2015 年第 3 期。

② 笔者曾针对支持妇女进村委问题，从外界介入方式和强度的角度将推动妇女参政的模式分为智力培训型、组织支持型和政策倾斜型等几种类型。参见卓惠萍、鲁彦平：《支持妇女进村委：模式、问题与对策》，《山西师范大学学报（社会科学版）》2010 年第 2 期。

了很大提高，技巧日臻成熟，女性在领导岗位及公共部门管理者中的比例也有很大提升。但同时我们必须看到：一方面，从全国范围看，妇女政治参与的层次与质量仍有待提高；另一方面，权力参与层面的女性参与者更多为妇女精英而非普通妇女，而普通妇女在社会治理参与层面的政治参与情况应得到更多的关注。

青岛市C区自2013年开展的市民议事活动，是一个基层社会治理的政治参与渠道，属于山东省施行的促进公民参与治理活动较早的举措。它搭起了基层协商民主的新平台，开辟了市民参政议政的新渠道，构建了居民参与社区公共政策制定与执行的新路径。那么，在市民议事活动这种基层社会治理的平台上，女性参与的情况如何？取得了哪些成绩？仍存在哪些问题？造成问题的因素是什么？本书将基于青岛市C区的市民议事活动，对基层社会治理中妇女参与的上述问题加以探索和回答。

第二节　文献回顾

学界对女性基层社会治理参与的研究，主要围绕以下三个方面展开：

一、妇女政治参与研究

与围绕政治权力的获得和运用而展开的政治参与不同，基层社会治理中的女性政治参与主要是一种基于政治权利的、在政策过程层面的政治参与。但近代以来，几乎所有关于女性政治参与问题的研究都是融汇在“女性参政”名义下进行的，专门在政策参与层面来研究女性政治参与的论著则少之又少。

国际上关于女性参政的研究主要集中在三个方面：（1）女性参政的保障机制研究。主要是对保留预留席位制、配额制的研究，通过一定的性别比例制度来保障女性代表或唯一的席位。（2）针对女性参政遇到的主要问题提出相应的政策建议，以促进本国女性参政的发展。比如挪威、法国等都有相关的性别统计研究和政策研究。（3）对女性参政的影响、制约因素分析。从国情、性别文化、国家机制等不同角度分析女性参政水平普遍低于男性的原因。[①]

国外学者对中国女性参政的研究主要集中在20世纪80年代以后，可分为两大类：一是关注中国革命与女性解放研究，其中较有影响的是美国的凯伊·安·约翰逊（Kay Ann Johnson）的《中国的女性、家庭和农民革命》，主旨在于评价社会主义革命对改变女性生活的作用，考察了1950～1980年几十年间中国女性的角色变化，并论述和评价了党在女性解放中的作用；二是研究转型时期中国女性政治参与有关问

① 参见牛天秀：《性别正义视域下当代中国女性参政研究》，南京师范大学博士学位论文，2013年。

题，如，加利佛尼亚大学的肯特·詹宁斯（Kent Jennings）在《中国农村的性别与政治参与》一文中对中国农村两性政治参与进行了跨国度的与宏观的比较研究。

而国内学术界对我国女性参政的研究，从内容上看，主要集中在如何理解女性参政（包括对女性参政的内涵、内容、实质的理解），女性参政的状况（包括女性参政的历史和现状），女性参政的原因，女性参政是否要规定比例，女性参政的优势及制约因素，女性干部成才的特殊规律，如何培养和选拔女性干部及女性群体参政等一系列问题上。从学科领域看，主要集中在历史学、社会学、心理学、管理学、人才学等几大学科领域当中，如：历史学学者以时间为线索，对不同时期的女性参政进行描述，为女性参政勾勒出了一个整体框架；社会学学者从社会、家庭、婚姻角度着重研究女性参政的优势及制约因素，如何提高女性参政水平，女性干部成才的特殊规律等问题；心理学学者以女性心理为出发点对女性参政的优势及制约因素，女性干部成才的特殊规律，女性干部的能力建设等问题进行讨论；管理学和人才学学者则对如何选拔培养女性干部，如何加强女性干部的自身能力建设，如何提高女性参政水平等问题给予高度重视。[①]

---

① 参见师凤莲：《当代中国女性政治参与研究综述》，《中华女子学院学报》2009 年第 2 期。

二、妇女社区参与研究

早期关于女性社区治理参与的研究主要集中在女性参与自然资源方面：一是林业管理，主要有徐家琦的《农村妇女参与社区林业的能力问题浅析》①、刘晶岚的《社区林业与妇女参与研究进展》② 和《中国农村妇女在社区林业管理中的参与研究》③、郑海燕的《农村妇女参与社区林业管理机制与制度设计》④；二是旅游业管理的能力建设方面，如杜忠潮等的《关中地区乡村旅游的社区参与与妇女作用》⑤。之后伴随着农村社区的发展，农村妇女越来越多地参与到社区服务当中。相关研究主要有以下几个方面：

第一，以某种视角为切入点对妇女社区进行的研究。沈金花从性别与发展理论的参与式发展，妇女参与、行使话语权等角度对农村妇女参与社区发展进行了分析，认为社区发展的核心是当地村民尤其是当地妇女作为主体的参与和发展

---

① 徐家琦：《农村妇女参与社区林业的能力问题浅析》，《林业与社会》2003年第3期。

② 刘晶岚、宋维明：《社区林业与妇女参与研究进展》，《世界林业研究》2007年第2期。

③ 刘晶岚：《中国农村妇女在社区林业管理中的参与研究》，北京林业大学博士学位论文，2007年。

④ 郑海燕：《农村妇女参与社区林业管理机制与制度设计》，《商业文化（学术版）》2008年第6期。

⑤ 杜忠潮、高霞、金萍：《关中地区乡村旅游的社区参与与妇女作用》，《安徽农业科学》2008年第28期。

及赋权。[1] 周燕从社会性别视角比较了城乡女性的社区参与，发现城市女性在社区参与的性别比例、意识、动机、方式和效果等要素的考察指标上普遍要高于农村女性，但在某些指标上也存在例外。[2] 徐文静则是从性别视角对女性社区参与的三个层次进行调查，发现女性在社区参与的过程中具有较高的公民意识和性别意识，体现出细致周到、善于沟通的性格特点，其积极稳妥的工作方式以及主动进取的工作态度得到居民和社会的一致认可。[3] 王康从性别关系的视角分析了女性参与社区治理的现状，发现农村女性在村庄治理参与中仍处于劣势地位，女性承担着农作与家庭的双重压力，社区在发展中没有充分重视女性的作用。[4] 卢志达则是从公民治理的视角通过对十二个城市社区的妇女社区治理参与进行实地调查，挖掘出城市妇女参与社区治理存在的主要问题有参与的主体意识不强、参与的目标层次较低、参与的制度保障缺乏以及参与的能力有待提升四个方面，对此，在公民

---

① 参见沈金花：《从性别与发展理论角度看农村妇女参与社区发展》，《中华女子学院学报》2004 年 S1 期。

② 参见周燕：《社会性别视角下的女性社区参与——对城乡社区的对比考察》，浙江大学硕士学位论文，2007 年。

③ 参见徐文静：《性别视角下的女性社区参与》，浙江大学硕士学位论文，2020 年。

④ 参见王康：《性别关系视角下女性参与社区治理的现状分析——以西部山区厚村为例》，《农村经济与科技》2009 年第 3 期。

治理理论关照下，基于社会性别理论，从社区文化、政策支持、妇女参与能力以及妇女社区治理角色四个维度做了探析，并从管理机制创新、政策机制创新和文化机制创新三个层面提出对策建议。[①]

第二，妇女社区参与的作用。王小波指出女性既可以培育社区精神，又可以融洽邻里关系，同时也在社区救助等领域发挥着重要作用。[②] 胡晓梅则是通过对山东省临沂市三义社区女性参与公共事务的活动进行个案研究，指出在村民自治情况下，农村女性社区参与是建设社会主义新型农村的重要手段，是提高社区女性地位、推动男女平等进程的必要手段。[③]

第三，妇女社区参与的路径研究。王晓莉等以河南登封市周村为例探讨了农村妇女参与社区治理的有效路径，结论为农村妇女参与是实现转型期农村善治的重要途径，要实现农村妇女参与社区治理必须触动父权制社会结构，而且要以组织赋权为手段使妇女普遍参与社区日常治理。同时，还要重视团队激励，组织妇女小组工作和妇女社区工作，加强社

① 参见袁志群：《公民治理视角下的城市妇女参与社区治理研究》，华中师范大学硕士学位论文，2012 年。

② 参见王小波：《试谈女性在构建和谐社区中的作用及障碍》，《社会工作（下）》2008 年第 4 期。

③ 参见胡晓梅：《村民自治视野下的农村女性社区参与》，福建师范大学硕士学位论文，2010 年。

区妇女多领域合作，提高妇女综合素质等途径的综合运用。① 董雨蒙则是从提高参与意识、加强自身素质、妇联等多部门协同努力等方面为农村妇女参与社区服务提供了可行的对策建议。② 杨云革指出提升妇女社区参与的积极性、主动性和拓宽妇女参与的渠道，政府要增强对社区的引导和支持，社区要创新治理服务体系，社会组织要加强对妇女群体的服务以及妇女群体要提升社区参与意愿。③ 宋惠芳则借助布迪厄实践社会学“场域、惯习和文化资本”的关系主义方法论，分析出农村妇女城市社区参与边缘化的原因主要为生活场域的冲突限制了农村妇女城市社区参与的空间，生活惯习的迥异制约了农村妇女城市社区参与的积极性，文化资本的差异影响了农村妇女城市社区参与的主动性；指出消融农村妇女城市社区参与边缘化的路径为改革城乡二元制的户籍制度，社区积极提供活动平台，农村妇女“社区人”意识的形成以及提高农村妇女自我文化修养。④

---

① 参见王晓莉、杜芳琴、李慧英：《中国农村妇女参与社区治理的有效路径探讨——河南登封市周村个案研究》，《中国非营利评论》2014 年第 2 期。

② 参见董雨蒙：《农村妇女参与社区服务研究》，西北大学硕士学位论文，2017 年。

③ 参见杨云革：《城市妇女社区参与的问题与对策分析》，《赤子（上中旬）》2017 年第 5 期。

④ 参见宋惠芳：《场域、惯习与文化资本——农村妇女城市社区参与边缘化的原因与对策》，《北京科技大学学报（社会科学版）》2011 年第 4 期。

三、妇女项目参与研究

社区项目参与是比社区参与还要低一个层级的范畴。在基层社会治理中，专门写妇女具体项目参与的文献不多，主要有：戚晓明的《乡村振兴背景下农村社区环境治理中的女性参与》①，他以江苏省南京市X社区为例，重点分析了农村女性环境参与意识的觉醒及环境治理的具体参与方式，认为农村女性在外力助推下从开始的被动卷入变为后来的主动参与，自我概念有所改善、个人能力有所凸显、环境参与意识逐步萌生；在此基础上，通过主持或参与环保项目、开展环保协商议事会、投身环保志愿者行动等方式有效参与到农村社区环境治理中。② 杨月在《农村留守妇女参与社区教育问题研究》一文中，基于对社区教育现状的分析，认为改善农村留守妇女当下生存困境，有必要将农村留守妇女参与和社区教育相结合，更好地发挥社区教育的教育职能与社会治理职能，提高农村留守妇女的综合素质、提升农村留守妇女的生活品质；同时，也能给社区教育注入新的活力，使其更好更快地发展壮大。③ 钱雪飞则是选取城市老年妇女为研究

---

① 参见戚晓明：《乡村振兴背景下农村社区环境治理中的女性参与》，《河海大学学报（哲学社会科学版）》2019年第21卷第3期。

② 参见戚晓明：《乡村振兴背景下农村社区环境治理中的女性参与》，《河海大学学报（哲学社会科学版）》2019年第3期。

③ 参见杨月：《农村留守妇女参与社区教育问题研究——以四川省乐至县为例》，《经济师》2019年第10期。

对象，通过分析发现城市老年妇女对志愿活动具有较高的参与意愿和热情，特别是为灾区的人民捐钱捐物、帮助社区生活困难的其他女性老人、协助居委会开展相关工作等方面表现出较强的意愿。[①] 杨宝强、钟曼丽以广场舞为载体，分析妇女议事会在乡村公共事务中话语权的凸显，进而探讨由广场舞衍生出的“妇女服务队”在乡村日常生活中的积极作用和妇女权力的凸显。[②] 另外，还有多篇见于地方日报和《中国妇女报》的关于妇女议事会的报道。

综上，我国在妇女参与基层社会治理的研究中，对女性政治参与的研究侧重于女性的权力参与，以关注进入国家各级政权领域，直接行使国家政治、经济、文化等各项事务决策和管理的女性比例为最，而对以主体身份介入和影响公共政策过程的政治参与的考察分析则较少。本书选取市民议事会这一载体来审视基层社会治理中的妇女政治参与行为，旨在拓展该方面的研究。

---

① 参见钱雪飞：《城市老年妇女社会参与的实证研究——基于南通市34名社区老年妇女的问卷调查》，《山东女子学院学报》2015年第5期。

② 参见杨宝强、钟曼丽：《乡村公共空间中妇女的参与、话语与权力——基于鄂北桥村的跟踪调查》，《西北人口》2020年第1期。

第三节 研究框架

本书以治理方式的创新和渠道的拓展有助于提升女性基层社会治理参与程度为前提假设，以青岛市 C 区开展的市民议事活动为切入点，以提出在新时代推动女性基层社会治理参与的策略建议为目标。基本研究框架为：

第一章，旨在完成本书研究的基础性工作，主要包括问题缘起、文献回顾、研究框架与研究方法等内容。

第二章，主要介绍本书的核心概念与理论工具及其运用。本书的核心概念有主要治理、社会治理、参与式治理、基层社会治理等；理论工具主要是治理理论、参与民主理论与社会性别理论，并分析每个理论在本书中的具体运用。

第三章，概述个案区市民议事会的发展历程。主要是个案区的基本情况与个案区市民议事会的由来与具体做法。

第四章，主要分析女性参与市民议事会实践中取得的成效。取得的成效分别从女性参与市民议事会比例区间较大、女性参与市民议事会的意识逐步提升、女性参与市民议事会动机趋于理性与女性参与市民议事会的效能感较高四个方面加以阐释。

第五章，主要剖析女性参与市民议事会实践中存在的问题。主要包括女性参与市民议事会比例较男性略低、女性参与市民议事会的意识较男性稍弱、女性参与市民议事会的动机应付成分稍多、女性内部参与市民议事会的效能分层明显四个方面。

第六章，挖掘女性参与市民议事会的影响因素。其中，促进因素主要有四个方面：一是区域发展为女性基层治理参与打下了坚实的经济基础，二是公民逐步增强的性别平等意识为女性参与提供了可能，三是治理参与机制设计上的创新拓展了女性参与的制度空间，四是妇联推动的妇女议事会为女性治理参与锻炼了能力。制约因素也主要从四个维度进行阐释：一是传统性别文化惰性的约束，二是参与制度的性别敏感度不高，三是女性参与的组织化程度低，四是女性自身素质能力的局限。

第七章，推动新时代女性参与基层社会治理的对策建议。结合新时代女性基层治理参与的有利因素，主要从构建先进性别文化、增进参与制度的性别敏感性、提高女性参与的组织化程度、强化女性参与的能力建设力度等方面加以探讨。

第八章，小结。主要立足于女性主体意识的缺失，回应女性参与市民议事会实践、参与基层社会治理中存在的问题，得出一个结论即必须唤醒女性的主体意识，唯有如此才能让女性更好地认识自我、定位自我，增强自主性、能动性，才能让女性活出自我，活得精彩，从而为经济社会发展做出更大的贡献。

第四节 研究方法

方法是研究问题的基本战略，是一个有着不同层次和方面的综合的体系，包括哲学层面的方法论、研究方式和具体方式及技术。[①] 使用科学的研究方法可以使研究者能够把握真实的社会现象，客观分析社会现象之间的因果关系，从而得出符合社会事实的结论。在哲学方法论层面，本书以辩证唯物主义和历史唯物主义为原则，综合运用政治学、社会学、管理学、女性学、经济学等多学科的方法和知识，对女性基层社会治理参与问题进行研究。在研究方式上，本书采取的是文献法、问卷法、个案访谈法、定性与定量相结合等研究方法。

第一，辅以理论思辨的实证调查研究法。基于对既有研究文献和相关基础理论的借鉴，选取青岛市 C 区为调研地点，以该区市民议事活动为载体，系统探讨基层社会治理中女性参与的基本状况、影响因素及其完善策略。

第二，问卷调查与深度访谈相结合。针对青岛市 C 区男女两性参与市民议事活动的情况，设计并发放问卷进行大

---

① 参见风笑天：《社会学研究方法》，中国人民大学出版社 2009 年版，第 6 页。

范围随机性抽样调查，通过借用参与意识、参与动机、参与形式、参与效能等维度去了解男女两性社会治理参与的概况以及存在的差别。同时，通过对妇女、男性、市民议事活动组织者、街道与社区的负责人等的随机访谈、集体访谈和深度座谈，了解妇女的年龄、受教育程度、收入水平、参与意愿、参与能力、社会支持等对其治理参与行为的影响，了解该活动的组织者及设计者对女性参与的态度、认识、评价、政策支持等，从而对妇女社会治理参与的困境、成因、机遇等进行深入剖析和动态追踪考察。

第三，定性分析与定量分析相结合。通过问卷调查方式对C区妇女参与市民议事活动的意识、动机、方式、效能等进行量化分析，依据这些统计数据归纳出妇女参与市民议事活动的基本情况。在对妇女参与市民议事活动存在问题的成因分析时，则主要通过对妇女年龄、受教育程度、年收入水平、社会支持（包括家庭、社区、社会组织等）等信息的了解，在定性层面上明晰这些因素与妇女社会治理参与困境之间的逻辑关系。

第二章　概念与理论

第一节　核心概念

一、治理

20 世纪后半期，伴随着新公共管理理论的风行，“治理”作为一种理念得到了学界与政界的青睐。1989 年，世界银行发布了研究报告《撒哈拉以南的非洲：从危机到可持续增长》，其中在谈到非洲发展时，提到“治理危机”，这是“治理”一词首次作为一个学术术语被使用，之后西方学者从不同维度对其作出了解释。盖伊·彼得斯通过研究西方行政改革，提出了治理的四种模式，指出它们各有不同的理论基础，并适用于不同的政府体制。① 詹姆斯·罗西瑙强调“治理的内涵比统治更广泛，治理的主体未必都是政府，各

① 参见［美］盖伊·彼得斯：《政府未来的治理模式》，吴爱明、夏宏图译，中国人民大学出版社 2001 年版，第 32 页。

治理主体在能够达成一致目标的前提下有效地发挥作用”[①]。

治理理论被引入我国之后，俞可平指出：“治理是指在一个既定的范围内运用权威维持秩序、满足公众的需要，目的是在各种不同的制度关系中运用权力去引导、控制和规范公民的各种行为，以最大限度地增进公共利益。”[②] 李风华认为治理的根本精神是契约观念和效率精神。[③] 杨雪冬则是深化了治理理论，提出社会管理治理化概念，强调通过把社会有效组织起来，控制国家与社会以及社会内部的冲突。[④]

学界对“治理”一词的概念虽界定不一，但也达成了一些共识，即治理不是一套规章制度，也不是一种活动，而是一个过程；治理的建立不以支配为基础，而以调和为基础；治理同时涉及公私部门；治理并不意味着一种正式制度，但确实有赖于持续的相互作用。[⑤]

---

① ［美］詹姆斯·N. 罗西瑙：《没有政府的治理》，张晓军、刘小林译，江西人民出版社 2001 年版，第 36 页。

② 俞可平：《从统治到治理》，中国治理网，http：//www. 51xinshidai. com/content-13-4165-1. html。

③ 参见李风华：《治理理论：渊源、精神及其适用性》，《湖南师范大学学报》2003 年第 5 期。

④ 参见杨雪冬：《走向社会权利导向的社会管理体制》，《华中师范大学学报》2010 年第 1 期。

⑤ 参见王力行：《“枫桥经验”在嘉兴社会治理中的运用研究》，西南大学硕士学位论文，2019 年。

二、社会治理

从运行意义来看，“社会治理”实为“治理社会”，或者说它是特定的治理主体对于社会实施的管理。社会治理涵盖一系列的价值、政策和制度，一个社会正是通过这些价值、政策和制度来管理它的政治、经济和社会。

由于西方治理理论奉行的是社会中心主义和公民个人本位，因此其核心内容是社会自我治理。而在我国，社会治理是在执政党领导下，由政府主导、吸纳社会组织等多方面治理主体参与对社会公共事务进行的治理活动，是“以实现和维护群众权利为核心，发挥多元治理主体的作用，针对国家治理中的社会问题，完善社会福利，保障改善民生，化解社会矛盾，促进社会公平推动社会有序和谐发展的过程”①。十八届三中全会以来，我们党的执政理念不断深化，社会治理成为国家治理的重要方面，逐渐形成了“党委领导、政府负责、民主协商、社会协同、公众参与、法治保障、科技支撑”的社会治理格局。

从“社会管理”到“社会治理”，一字之差背后却蕴含着理念、方法、手段、制度等多个维度的深刻变革。本书将社会治理界定为政府、企事业单位、社会组织、社区以及个

---

① 蔡益群：《社会治理的概念辨析及界定：国家治理、政府治理和社会治理的比较分析》，《社会主义研究》2020 年第 3 期。

人等多种主体通过平等的合作、对话、协商、沟通等方式，依法对社会事务、社会组织和社会生活进行引导和规范，以最终实现公共利益最大化的过程。[①]

三、参与式治理

20世纪80年代，源于参与式民主与治理理论发展而来的参与式治理，作为一种新的治理模式出现在美国、巴西、印度、南非等一些发达国家和发展中国家，意在治理理论中加入民主的元素，强调治理过程中的公民参与，凸显治理中的民主价值。作为一种新型的民主治理模式，参与式治理改善了当地的治理生态，提升了公民的参与意识，有效推动了民主政治的建设进程。

由于理解角度不同，学者对参与式治理具体内涵的界定也不尽相同。例如，范玫芳认为参与式治理包括协商民主的理论、参与式公共政策分析与规划和公共资源的分配与管理的公共度研究[②]；张康之指出参与式治理是合作治理[③]；陈剩勇与赵光勇认为参与式治理是指与政策有利害关系的公民个人、组织和政府一起参与公共决策、分配资源、合作治理

① 参见李志国：《社会治理法治化研究》，吉林大学硕士学位论文，2017年。

② 参见范玫芳：《“参与式治理研究”之现况与展望》，《人文与社会科学简讯》2008年第3期。

③ 参见张康之：《论参与式治理、社会自治与合作治理》，《行政论坛》2008年第6期。

的过程。[①] 尽管如此，学者们在参与式治理本质属性的认识上却是一致的，都认同参与式治理强调参与，即参与不仅贯穿于行动和过程中，还体现在意识的标榜和提升上；参与不仅是参与主体的扩大，包括那些受决策影响的利害相关者，尤其是边缘群众与弱势人群，而且参与范围是全过程，既包括决策制定过程，也包括政策执行过程。

总的来说，参与式治理的特征包括以赋权为条件，以参与为核心，以合作为模式，以善治为目标，以基层为最佳适用领域。参与式治理认为公民参与的作用在于积累公民的社会资本、提供更佳的决策方案、节约政策执行资本、增强政府公信力。公民参与的实现机制包括公民有表达意见的权力和途径、公民有影响决策的能力、公民有与政府协商对话的机制、公民应投身于公共决策的过程。

四、基层社会治理及其参与

通常意义上的基层地区包括区（县）级行政区划及以下的地区，如城市社区、农村地区等。基层社会治理，顾名思义，是指基层地区的社会治理。从治理的内容领域维度来看，基层社会治理属于社会治理的一种类型，在社会治理层级体系中处于基础层。从治理的途径方式维度来看，基层社

---

① 参见陈剩勇、赵光勇：《“参与式治理”研究述评》，《教学与研究》2009年第8期。

会治理属于参与式治理的一种形态，是参与式治理的理念和机制在基层社会的应用。

基层社会治理因为涉及面宽、量大、事多，且直接面对民众，因此在整个国家治理体系中占据着非常重要的位置。换言之，基层社会治理可视为国家治理的基石，它的有效与否直接决定着经济社会能否持续健康发展、繁荣稳定，长治久安。

在明确了基层社会治理内涵的基础上，本书将“妇女基层社会治理参与”界定为妇女个人如同男性一样，以公民身份参与到城市社区治理和农村村落治理当中，行使自己的民主权利，在基层社会治理中积极地反映问题、表达诉求以及为推动基层社会发展建言献策。

第二节 理论工具及其运用

一、社区治理理论

自 1989 年世界银行谈及非洲发展问题时首次使用“治理危机”，“治理”一词便逐步广泛应用于社会科学界，泛指国家、公共组织、私人机构及社会个人等各种活动主体之间的关系。[①] 治理以多元主体的共治为核心，是一个多元的网

① 参见俞可平：《治理与善治》，社会科学文献出版社 2001 年版，第 201 页。

络结构，政府、企业、非营利组织、公民个人都要参与其中，而且主体间的合作大于竞争。在新的社会治理模式中，政府不再是唯一的价值存在，非政府组织、市场化组织、市民社会、公民等社会公共机构和行为者都可以直接或间接地参与各种治理行为，成为进行社会管理、提供公共服务的主体。各种社会治理主体在合作的基础上彼此间相互拾遗补缺，形成和发展相互补充、共同治理的格局。① 治理是一个各方利益的良性互动与合作，追求的目标是善治。善治的过程实为还政于民的过程，是政府与公民对公共生活的合作管理，是两者之间的最佳结合状态。②

社区治理是治理理论在社区研究中的运用与发展，是对"社区失灵"的一种应对，代表了社区发展的方向。它强调经由与市场不一样的制度途径，实现对公共资源系统的良性开发、调整和改进。社区治理是作为公共机构的政府与其他社区组织以及社区公民，通过一定的治理工具，在社区范围内为共同应对社区公共问题、共同提供社区公共服务和实现社区公共事务管理而实施的活动。其目的就是以公民为中心，形成面向公民需要的、积极回应外部环境变化的、促使

---

① 参见张歆媛：《村民自治中的女性政治参与研究》，苏州大学硕士论文，2010年。

② 参见俞可平：《中国公民社会的兴起与治理的变迁》，社会科学文献出版社2002年版，第190～195页。

地方富有发展活力的新型公共事务管理模式。

社区治理理论，对本研究有重要的理论启发意义。本书在相当程度上是对妇女参与社区治理实践的考察，主要考察在社区治理中，通过市民议事活动这个平台，妇女作为公民个体扮演的角色和发挥的作用如何，以及在社区治理网络中与其他治理主体如何互动与以何种方式互动，这些互动是否取得了成效。

二、参与民主理论

参与民主是代议制民主向自治民主过渡的一种民主政治制度，它鼓励公民通过各种形式的参与方式直接参与公共政策制定和公共事务管理，倡导公民积极主动地参与政治，从而提高公民政治敏感度和个人社会责任感。参与民主强调，参与不应局限于公民对某些特定的政治领域的问题，还应包括经济领域、社会领域、政党组织内部参与等。参与民主理论的代表人物卡罗尔·佩特曼认为，民主的本质在于公民普遍自愿地参与公共决策的制定和公共事务的管理，公民具有参与公共政策制定的权利，政府应该提供机会给公民进行政治参与，以此增加公民对公共事务以及政府行政的认识和判断，从而建立一个具有生命力和活力的参与型社会。较其他参与民主专家而言，她更注重公民政治参与积极性的促进及公民进行政治参与效能感的提升，并倡导公民进行政治参与的领域是与公民生活息息相关的领域。这也正是参与民主理论的核心理念，即“凡生活受到某项决策影响的人，都应该参与那些决策的制定过程”①。

学者戴维·赫尔德从制度维度研究了参与民主模式，提出参与民主作为九大民主模式之一，其实现有三大基本条件：首先是通过物质资源的再分配保证社会公众及社会团体具有政治参与的能力和资本；其次是尽可能地削减公共领域和私人领域的官僚权力，从法律上确立公民进行政治参与的合法性基础；再次是创造开放的信息平台，公民有权获得充分的信息从而有效地理性地参加投票选举。赫尔德还提出要尊重女性的政治权利，认为应该为女性提供一个充分进行政治表达的平台。②

参与民主理论修正了精英主义民主理论，强调普通公民也应有权利和渠道参与到公共事务中来。实际上，参与式民主对我国而言也并非完全是“舶来品”，这一方面是因为在政治领域，政治协商一直是共产党倡导的理念，且在实践中长期践行政治协商制度。自中华人民共和国成立以来，党和政府一直秉承“人民当家做主”的理念，在政治领域保障了人民的参与权，在宪法中就有“中华人民共和国年满十八周

---

① ［美］约翰·奈斯比特：《大趋势——改变我们生活的十个新方向》，梅艳译，中国社会科学出版社1984年版，第161页。

② 参见［英］戴维·赫尔德：《民主的模式》，燕继荣等译，中央编译出版社1998年版，第134～139页。

岁的公民，不分民族、种族、性别、职业、家庭出身、宗教信仰、教育程度、财产状况、居住期限，都有选举权和被选举权（依照法律被剥夺政治权利的人除外）”的规定。另一方面是因为在社会领域，不管是我国早期的“乡村建设运动”还是后来温岭市的民主恳谈会都可视为在参与式民主理论指导下的实践。“乡村建设运动”的实验者们强调尊重差异、平等协商，在外来者协助下，通过当地社区成员积极、主动地广泛参与，实现可持续的、成果共享的、有效益的发展。[①] 民主恳谈会不仅实现了村民参与决策的过程，甚至还引入协商民主来解决财政预算中的问题，将协商民主的功能进一步扩大。[②] 而当参与民主理论落实在社区层面时，就产生了社区参与的概念。社区参与在理念上倡导对社区居民进行积极动员，提供一定的机会或平台，鼓励他们主动参与到决策活动中来；对于社区的边缘人群或弱势人群则进行赋权；开展多种形式的、多元主体间的平等协商；对于利益相关者间的冲突采取恰当方式进行对话等。[③]

---

① 参见崔效辉：《乡村建设运动：参与式发展理论的本土来源与贡献》，《南京人口管理干部学院学报》2005 年第 2 期。

② 参见韩福国、萧莹敏：《协商民主的基层实践程序与效能检验——浙江温岭参与式公共预算的制度分析》，《西安交通大学学报（社会科学版）》2017 年第 5 期。

③ 参见刘树云：《城市社区参与式治理模式的有效实施与发展研究》，山东大学硕士学位论文，2012 年。

通过市民议事活动参与到社区事务治理当中，属于参与民主理论的一种具体实践形式。参与式民主理论对参与价值的阐述，为我们认识和论证参与式治理中妇女政治参与的必要性提供了理论支撑。就实质而言，参与式治理正是参与民主理论的具体实践，正如帕帕达基斯所主张的，参与式治理是“一种运用民主方式使公共决策更加审慎、参与、透明和责任的努力”①。另外，参与民主理论中关于参与民主实现条件的学说，更是为我们分析参与式治理中妇女政治参与的实践提供了直接的启示性思路乃至分析框架。

三、社会性别理论

社会性别理论起源于20世纪70代初期的美国，是由女性主义学者发展出的一个概念，也是女性主义在性别研究方面最重要的贡献。西方女性主义者正是通过区分“性别”与“社会性别”两个词的内涵，建立起了社会性别理论的基石。这两个词在女性主义者看来，不仅内涵不同，而且也代表着两种完全不同的理念，社会性别问题研究的基础就源自如何界定二者的内涵。

性别有生理性别与社会性别之分。生理性别是自然造化的结果，属于自然的生物属性。人类在相当长的历史时期秉

① Konstantinos Papadakis. *Socially Sustainable Development and Participatory Governance*: *Legal and Political Aspects*. International Institute for Labor Studies IILS Publications. Geneva, 2006.

持的是本质主义的"生物决定论"，主张男女两性所表现出来的气质特征差异是客观的，两性的社会活动领域及社会、家庭地位不同是必然的。父权制社会正是以"生物决定论"为依据，将两性所有的不平等都归因于两性的生理差异，用生理原因解释一切不平等现象；认为女性要么变成男性，要么维持现状，放弃斗争，让两性不平等的地位在"科学"的支持下延续。[①]

"社会性别"强调两性差异的"非自然性"，认为两性间的差异是由社会文化建构的。女性主义者通过比较与生俱来的生理性别和后天建构的社会性别，剖析造成两性不平等的根本原因，从而为女性争取两性平等提供了坚实的理论基础。[②] 自此后，社会性别成为女性主义理论的基本概念和核心思想，社会性别分析成为女性主义理论的主要研究框架或研究方法。

社会性别理论是在女性主义理论发展过程中被挖掘和提炼出来的，是女性主义的集体创作和智慧结晶。英国著名的女权主义者玛丽·沃斯通克拉夫特提出"社会塑造女性"的

---

① 参见李傲：《性别平等的法律保障》，中国社会科学出版社 2009 年版，第 8 页。

② 参见李傲：《性别平等的法律保障》，中国社会科学出版社 2009 年版，第 6 页。

观点，被认为是社会性别概念的萌芽。[①] 1949 年，法国学者波伏娃在《第二性》一书中提出“女人并不是天生的，而是后天形成的”[②] 观点，成为女性主义在社会性别概念上的重要思想来源。1970 年，美国学者凯特·米利特在《性政治》一书中指出，如果想要解放妇女，只能从根本上反对父权制度，打破它为妇女设定的不合理的社会角色。[③]

在第二次女权运动中，社会性别概念得以运用、丰富和发展。1972 年，英国学者安·奥克利在《生理性别、社会性别与社会》一书中指出，社会性别是通过社会和文化所建构的男性气质和女性气质。[④] 而把“社会性别”作为一个专业术语提出来的是美国学者盖尔·卢宾。1975 年，她在《妇女交易：性“政治经济学”笔记》一文中首提“性与社会性别制度”概念，认为“性、社会性别是对社会将生物的性转化为人类活动产品的一整套组织”[⑤]，“社会性别是‘一

---

① 参见孙桂燕：《社会性别视角下中国妇女权利》，江西人民出版社 2013 年版，第 38 页。

② ［法］西蒙娜·波伏娃：《第二性》，陶铁柱译，中国书籍出版社 1998 年版，第 309 页。

③ 参见［美］凯特·米利特：《性政治》，宋文伟译，江苏人民出版社 2000 年版，第 81～86 页。

④ 参见刘霓：《社会性别——西方女性主义理论的中心概念》，《国外社会科学》2001 年第 6 期。

⑤ 王政：《“女性意识”“社会性别意识”辨异》，《妇女研究论丛》1997 年第 1 期。

种由社会强加的两性区分'，'性别的社会关系的产物'"[①]。1988 年，琼·W. 斯科特在《社会性别与历史政治》一书中将社会性别界定为"组成以性别差异为基础的社会关系的成分，一种区分权利关系的主要方式，一种权力形成的源头和主要途径"[②]。就本质而言，社会性别反映的是两性间的权力关系，即男性处于统治、支配地位，女性处于被统治、被支配地位。正是社会性别一词的提出，被视为女性主义理论跳出了将男性标准和价值作为女性衡量标准的窠臼，拥有了自己独立的研究对象和研究视角，不再依附于其他学科，女性学开始成为一门独立的学科。[③]

女性主义理论虽然流派众多，但都认为社会性别理论应包括社会性别差异、社会性别角色和社会性别制度三个方面的内容。其中，社会性别差异是从性别观念、群体特征、行为模式、评价标准、社会功能等方面界定"女人"和"男人"的差异，她们认为这种差异之间存在着等级关系和权力

---

① 王政、杜芳琴主编：《社会性别研究选译》，三联书店 1998 年版，第 21～81 页。

② ［美］琼·W. 斯科特：《社会性别：历史分析中国的一个有效范畴》，李银河主编：《妇女：最漫长的革命》，三联书店 1997 年版，第 168～170 页；谭兢常、信春鹰主编：《英汉妇女与法律词汇释义》，中国对外翻译出版公司 1995 年版，第 145 页。

③ 参见陈彩云：《从"平等""社会性别"到"公民资格"——西方女性主义的理论转向》，《妇女研究论丛》2002 年第 4 期。

关系；社会性别角色是个体从出生开始就持续接受社会规定的一整套性别规训，不断习得“男”或“女”的性别身份和性别特征，并表现出与社会规范相一致的男性或女性气质；而社会性别制度则是与权力结合，控制着社会意识领域和社会资源分配领域，影响着社会的分层系统和个体的生活选择。

总之，社会性别理论认为，社会和文化基于两性生理差异而对两性在社会角色和社会分工等方面做出不同塑造和规范，使得两性关系形成为“男尊女卑”“男主女从”“男强女弱”的不平等关系，男权社会则通过制度的、法律的、宗教的手段加强和巩固着这种不平等关系，使得两性不平等现象长期、广泛存在。同时，社会性别理论还认为，女性只有独立自主，将自身视为发展的主体，才能争取与男性建立平等的伙伴关系。该理论对于唤起女性对自身地位的重视，对主体意识的觉醒有着不容置疑的意义。

基于社会性别理论，以市民议事会为视角对女性基层社会治理参与行为进行描述，为分析女性基层社会治理参与中存在问题成因提供了一个别样的视角，以求更好更全面地去探寻应对之策。

第三章　市民议事会发展的历程

市民议事会有很多的类似称谓，如居民议事会、村民议事会等，均为共同协商讨论某项事宜之意。党的十八大报告明确提出社会主义协商民主是人民民主的重要实现形式，并要求“推进协商民主广泛多层制度化发展”“积极开展基层民主协商”。十八届三中全会通过的《中共中央关于全面深化改革若干重大问题的决定》，进一步把“开展基层民主协商、推进基层协商制度化”作为发展社会主义民主的重要内容。C区市民议事活动即是在新形势下为听取更广泛声音、聚集更坚实民意而创立的一种新的制度和平台，其出发点是适应居民诉求和心态的变化，面对面听取民声，让居民更多、更广泛地参与社区治理和社区公共事务管理。市民议事活动作为市民参政议政的新渠道，为女性的社会治理参与带来了新的契机，为提升女性治理参与的广度和深度提供了可能。下面就以青岛市C区为典范个案，以社区市民议事活动为切入点，来考察新形势下女性基层社会治理参与的状况。

第一节　个案区基本情况

C 区地处我国重要的经济中心城市和沿海开放城市——青岛市的近郊，是进出青岛市的北大门，在地理位置上属于城乡结合部，同时又是一个城市化进程快速推进、社会加速转型的现代化新兴城区。C 区成立于 1994 年，总面积 553.2 平方公里，辖 6 个街道办事处，195 个农村社区和 2 个城市社区，总人口 48.15 万，另有数倍于当地居民的外来人口在此居住。

在经济发展方面，C 区内外资、合资企业较多，以韩资企业为主，经济比较发达。2019 年，C 区实现生产总值 1121.83 亿元，按可比价格计算，比上年增长 6.4%。其中，第一产业增加值 17.23 亿元，下降 3.2%；第二产业增加值 556.25 亿元，增长 6.0%；第三产业增加值 548.35 亿元，增长 7.3%。三次产业比例为 1.5∶49.6∶48.9。[①]

在日常管理体制上，与改居前的农村相同，沿用社区党总支和居民委员会的模式，而且根据山东省“女性进村两委比例保持 100%”的文件精神，C 区每个社区均达到了“两

---

① 参见《2019 年青岛市 C 区国民经济和社会发展统计公报》，青岛 C 区政务网，2020-04-07。

委中至少有一名女性干部”的要求。

第二节 个案区市民议事会的由来

C区作为青岛市城市化进程快速推进、社会加速转型的现代化新兴城区，广大农村社区居民在物质条件、精神追求乃至民主诉求上都与传统农村村民有着明显差别。新旧问题交织、利益主体多元、公众诉求趋涨的转型时期，社区发展、管理、稳定都面临新的挑战。特别是近些年来，涉及社区土地出让、旧村改造、环境建设等方面的工程越来越多、资金数额越来越高，使村改居社区成为矛盾多发地带。而原有“四议两公开”等基层民主机制，由于适用性、时效性、强制性都不能与现实情况紧密结合，没能完全实现“调解器”和“减压阀”的设计初衷。在此情况下就迫切需要一种新的制度和平台，能够听取更广泛的声音，聚集更坚实的民意，形成更强大的发展合力。

在2013年年初，C区出台《社区市民议事制度（试行）》，在全区195个社区（村改居社区，管理体制与农村相同）全面开展居民议事活动。制度规定每个社区全年开展活动不少于3次，各社区市民议事活动一般安排在街道服务中心或片区服务中心的阳光议事厅进行，干部群众围绕社区重大事务、民情办理、与居民利益相关的事项等，开展民意对话、决策听证、群众质询。同时，每一个社区召开议事会时，C区政府和街道都会派人参加，记录会议情况。对群众现场提出的问题，各街道都要建立议事问题台账，将适宜督办的问题列入OA平台，限时办结和跟踪督查，并在OA平台上用蓝色、绿色、橙色和红色直观地体现问题的解决情况。仅在当年3月到5月底，C区第一轮市民议事活动就收集群众意见建议1020余项，7月份办结940余项，占92%。

C区的市民议事会最初是从社区开始的，此后这一活动不断走向深入，已经形成了以社区为基础，涵盖“社区—街道—区”三个层级的市民议事会体系，并发展出各种专题性市民议事会。譬如，2019年9月26日，综合行政执法专题市民议事会在C区融媒体中心演播大厅召开。区综合行政执法局领导班子，市民议事代表、“两代表一委员”、各街道和区直相关部门分管领导等70多人参加了会议。会上，市民议事代表详细听取了综合执法工作开展情况，并就综合执法领域的民生热点问题进行了互动交流，现场提交38个问题，提出了涉及市容秩序整治、违法建设治理、油烟噪音扰民、文化市场执法和客货运输秩序等方面的意见建议16条，切实发挥了议政作用。

此外，C区还积极推动面向特定团体的专门议事会，妇女议事会就是在妇女群体中践行市民议事会的具体形式。妇女议事会由各级妇联组织全面负责，会长1人，由各级妇联主席兼任，负责召集议事会和主持议事会全面工作；副会长1人，由具有较高威望的妇女代表担任，协助会长负责议事工作。议事主体为各级各界妇女代表，除辖区内各级人大女代表、政协女委员，党代会女代表，各级妇联的常务委员会、执行委员会，妇女代表大会的代表外，2016年6月又要求要广泛吸纳辖区中女致富带头人、女先进模范人物、离退休女干部、巾帼连户组长，巾帼志愿者、巾帼新市民、女大学生以及对妇女事业有热心、有履职能力的妇女代表参与。另外，还根据议题事项的性质、利益关系、复杂程度和影响范围，积极采取推荐和自荐的方式，吸纳有意愿参加的基层妇女群众参加。妇女议事会本身就是一种妇女参与基层社会治理的方式，同时也为妇女参与社区市民议事会提供了机会，培养了人才。

第三节　个案区市民议事会的具体做法[①]

他山之石，可以攻玉。C区在借鉴别国他城先进经验的基础上，立足本地实际，将市民议事活动规范化、制度化。由于本书主要是基于对社区市民议事会的调研进行数据采集

① 参见“青岛市C区在农村社区全面推行市民议事制度”，人民网一中国共产党新闻网，http://dangjian.people.com.cn/n/2014/1223/c391467-26259626.html，2014年12月23日。

并展开后续相关研究的，所以本节内容将重点介绍社区市民议事会的具体做法。

一、在制度设计上，突出两个主体、一个主题

第一，把普通户代表作为议事活动的参与主体。打破过去只有党员、居民代表参与的惯例，不拘一格扩大议事参与面。对普通户代表参与数量设定具体比例：500户以内的社区，要求户代表参与率不低于80%；500～1000户的社区，参与率不低于70%；1000户以上的，参与率不低于50%。每个社区全年开展议事活动不少于3次，社区有重大事项、重要工作需要协商时，可随时召开。上一轮没有参加的，下一轮优先安排参加，力争实现普通户代表全覆盖。

第二，把街道作为组织社区市民议事活动的主体。社区工作有问题，有些“根子”在街道，甚至更上级。明确要求市民议事由街道党政领导班子成员主持，安排专人全程记录。活动现场撤掉主席台，将桌子摆成“圆桌式”，营造平等、宽松的议事环境。

第三，突出“阳光居务”这个主题。将社区年度工作计划、收支预算、项目建设、福利待遇等事项均纳入议事范围，特别是对接待费、租赁费等资金使用，拆迁腾地补偿方案等居民关心关注的热点问题，作为首要通报内容。社区要做的事，群众的意见和诉求都摆到议事活动上，摊开来说，商量着办，真正按群众的意愿和需求改进工作。

二、在活动组织上，把握好四个环节

一是明确议事时间。每个社区全年开展议事活动不少于3次，有重大事项需要协商时，可随时召开。活动一般安排在周六、周日或晚上举行，方便更多居民参与。提前2天发放“明白纸”、张贴公告让居民充分知晓。

二是确定议事议题。议事活动开展前，先召开社区“两委”会议，研究社区当前重要事项，拟定议事议题。同时，由社区干部入户征求居民意见建议，将居民反映集中的问题纳入议事范围，尽可能地保证议题内容的针对性和广泛性。

三是规范议事流程。把居民提问、干部解答作为核心环节。将议事活动分为两个阶段。第一阶段是主动通报。由社区党组织书记现场向居民说明社区重大事项并接受群众现场质询、批评和建议。第二阶段是居民质询。打破干部在台上“讲”，群众在下面听的做法，把大部分时间用在现场提问上，居民有不明白、不满意的事，大到旧村改造、道路修缮，小到垃圾清理、门窗维修，都可以站起来发问，直接表达意愿和诉求，干部现场解疑释惑，直到群众满意。

四是确保协商效果。把决策前听居民意见作为一项重要内容。社区想干什么事、打算怎么干，都在议事现场交给居民讨论、商量，根据居民的意见建议，再对拟决策事项修订完善，最后提交居民大会表决通过后实施。决策的过程充分吸纳、尊重和考虑民意。有时候群众内部也有利益分歧，市民议事提供了一个让群众沟通群众的平台，干群之间的压力自然减轻。

三、在问题办理上，强化三项机制

第一，办理反馈机制。市民议事活动重在解决问题。对居民在议事活动中提出的意见建议，社区干部能现场解决的现场解决；不能现场解决的安排专人办理，并在10个工作日内将办理情况向居民本人面复；对暂时不能解决的，在5个工作日内向其本人解释说明，取得居民理解。

第二，考核督办机制。建立居民意见建议办理公开、跟踪督办等制度。区委将民情筹集及办理情况纳入全区勤廉监管OA平台，设置“办理时限、办理情况、反馈对象意见”等内容，把问题解决情况分别用蓝色、绿色、橙色和红色挂牌督办，红色、橙色多的社区，需要向街道党工委、办事处做出解释，并与年底绩效工资补贴挂钩。在社区设立“居民议事活动、居民意见建议办理情况公开栏”，对居民意见建议办理情况每月公示、每月更新，持续跟进抓落实。

第三，效果评估机制。社区市民议事活动过程中，区委组织部、街道都要安排人员作为“监督员”参加，全程记录和观察议事过程。活动结束后，对每个社区议事活动开展情况进行效果评估，先后6次下发补充说明或通知，对共性问题及时加以规范和完善。

C区居民积极参与市民议事会，共商社区发展大计，在很大程度上实现了社区事务大家定，也促使政府和社区干部要把对群众负责放在第一位。C区通过市民议事会推进了基层协商民主，群众参政议政积极性被激发出来；提高了工作效率，基层干部得以及时有效地了解、把准和解决群众最关心的现实问题；推动了作风转变，倒逼基层干部提升工作能力，增强宗旨意识。同时，市民议事会也成为社区发展的“晴雨表”，促进了基层矛盾、险情的及早高效化解。

第四章　女性参与市民议事会实践中取得的成效

第一节　女性参与市民议事会的比例区间较大

公民的社会治理参与是一个国家治理体系和治理能力现代化的重要组成部分，参与活动的性别比例反映着两性治理参与的程度与深度。女性社会治理参与是对男权制下女性从属地位的一种历史性反抗与觉醒，是一个受多重因素制约的社会进程。

C区社区市民议事活动参与人员构成情况一般为：社区“两委”成员、党员、居民代表、社区户代表、发展能人、驻社区企业负责人。其中，前三类人群每次必须参加且相对稳定，但女性所占比例不大。如表4-1所示，社区女党员和“两委”中女干部的比例均不超过30%，女居民代表比例虽没有详细统计，但从座谈信息得知，在社区中其比例不会超过50%，即最好的状态为男女各半，这就意味着必须参加社区市民议事活动的人员中，女性人数大大低于男性。而发展能人、驻社区企业负责人两个群体随机性较大，据以往实践看，整体上男性稍多，不过这两类群体所占比例较小，一般为10%左右。还有一个参与群体是社区户代表，该群体在每次议事活动中的男女比例区别较大，进而影响着每次具体参与议事活动中的男女比例。

表 4-1　LT 街道和 XZ 街道社区女党员及女干部情况

	LT 街道（27 个农村社区和 1 个城市社区）	XZ 街道（50 个农村社区和 1 个城市社区）
社区党员总数	2343	2653
社区女党员总数	463（19.7%）	518（19.5%）
社区两委干部总数	150	284
社区两委女干部人数	35（23.3%）	64（22.5%）
社区主职女干部人数	2（1 名书记、主任一肩挑；1 名是主任，还有 1 名女性委员负责计划生育）	2（1 名书记、主任一肩挑，1 名是主任）

“户代表制”是市民议事活动在制度设计上的一个突出特点，它打破了过去只有党员、居民代表参与的惯例，把普通户代表作为议事活动的参与主体。“户代表制”对普通户代表参与数量设定了具体比例：500 户以内的社区，要求户代表参与率不低于 80%；500～1000 户的社区，参与率不低于 70%；1000 户以上的社区，参与率不低于 50%。每个社

区既可以根据居民所处楼号的单双数为单位，也可按居民所在小组的单双数为单位，交叉安排参加，确保两年内实现普通户代表参加议事活动全覆盖。一户中由谁作为代表去参加议事活动是由整个家庭尤其是夫妻二人协商而定，原则上取决于各自意愿和时间安排。但若是议事主题鲜明且与居民切身利益尤其是经济利益密切相关时，男性参与的比例要远远超过女性。比如“GJT 社区两委班子述职廉党员评议暨第三次市民议事活动”上，男性参会人员比例为 62.5%，比女性高出 25 个百分点；而在“XLT 社区股份合作社成立暨市民议事大会”上，参会人员中男性比例高达 69.1%，比女性高出 38.2 个百分点。

据调查资料和统计数据得知，就总体而言，参与活动的女性比例在 30%～60%，占比区间弹性较大，其中户代表的性别比例发挥着关键作用，户代表中女性比例与参与活动的女性比例是正相关关系：户代表中女性比例高，则参与活动的女性比例则有可能高于男性占比；反之亦然。但总的来说，与过去相比，“户代表制”的设计确实为女性参与治理活动提供了一个制度渠道，使女性在基层参与社会治理有了可能。

第二节　女性参与市民议事会的意识逐步提升

参与意识是参与主体对公共事务的认知和对公共事务参与的态度。本书主要从女性是否知道市民议事活动、是否认为女性有必要参加活动、您本人是否愿意参加活动三个方面来考察女性在市民议事活动中的政治参与意识。

一、女性对市民议事会的知晓度

在座谈会上，社区、街道和区级负责人表示所有老百姓应该都知道市民议事活动，主要原因有三：第一，市民议事制度实施时间已不算短。自 2013 年 3 月召开第一场市民议事活动开始，至今已 4 年有余，尽管社区召开时间稍晚且各不相同，但最少的也有 3 年之久。第二，《社区市民议事制度》规定，每个社区全年开展议事活动不少于 3 次，且户代表在两年内要实现全覆盖。第三，社区每次召开市民议事活动之前，都会通过入户发放“明白纸”、市民议事通知单以及在社区电子屏幕、街道网站留言板滚动播放等形式告知居民议事活动的召开时间、地点、议题等内容。

但问卷调查和随机访谈显示的结果有一点出入：调查问卷结果如表 4-2 和图 4-1 所示，有 2.1％的居民表示不知道；在广场随机访谈的 80 位居民中有 19 位表示不知道，比例为 23.5％。对此没能全覆盖的问题，在后来与区组织部的负责人Y科长座谈时，他给出的解释是："这有可能是老百姓对其称谓不一造成的。市民议事会是政府文件的称谓，而老白姓觉得可能就是开个会，如协商会、议事会，或是别的。据我所知，应该是能达到全覆盖的。"（访谈材料：Y20170707）对此，我们查阅了社区市民议事活动记录的照片，发现每个社区召开市民议事活动时的横幅标语确实存在差别，如DGS社区市民议事活动、XLT社区市民议事大会、XNGS社区居民议事会、YJ社区市民议事活动会议、GD社区居民议事活动、SB社区2015年第三轮市民议事会等，即在"市民"还是"居民"，"活动"还是"大会""会""会议"等具体表述上都存在一定差异。

表4-2　　　　您知道市民议事活动吗

		频数	百分比（%）	有效百分比（%）	累积百分比（%）
有效	很了解	186	34.8	34.9	34.9
	了解一些	278	52.1	52.2	87.1
	听说过，但不太清楚	58	10.9	10.9	97.9
	不知道	11	2.1	2.1	100.0
	合计	533	99.8	100.0	
缺失	系统	1	0.2		
合计		534	100.0		

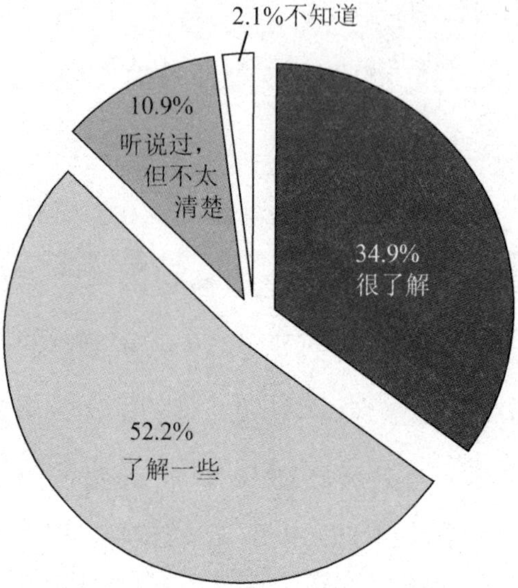

图 4-1　您知道市民议事活动吗

针对女性居民对“您知道市民议事活动吗”这一问题进行分析的话（如表 4-3 和图 4-2），就会发现女性居民选“很了解”和“了解一些”的比例分别为 32.1%和 53.9%，共为 86%。而“很了解”与“了解一些”两项代表着居民对该活动是熟悉的，基本上可以判断选此两项之一的女性“参与过市民议事活动的可能性较大”，最少是在家中有过“由谁去参加议事会”的讨论，这与参会户代表是由夫妻二人协商确定密切相关。

表 4-3　　您（女性）知道市民议事活动吗？

		频数	百分比（%）	有效百分比（%）	累积百分比（%）
有效	很了解	78	32.0	32.1	32.1
	了解一些	131	53.7	53.9	86.0
	听说过，但不太清楚	29	11.9	11.9	97.9
	不知道	5	2.0	2.1	100.0
	合计	243	99.6	100.0	
缺失	系统	1	0.4		
合计		244	100.0		

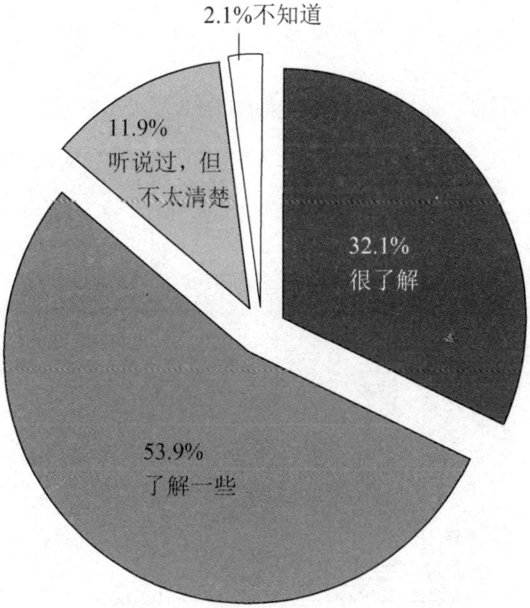

图 4-2　您（女性）知道市民议事活动吗

二、女性对自身参与市民议事会必要性的认识

对“您认为女性有必要参与市民议事活动吗”这一问题，在座谈会上和访谈中得到的答案是一致的，即“女性当然有必要参与了”，理由是“女性地位提高了，男女平等了，女性与男性有同等的话语权了”。我们认为，该答案并非所有人的真实想法，但当着“外人”尤其是碍于我们“上级调查者”的身份，他们认为不能说有损社区或城市形象的言语，同时也避免显得自己思想落后。根据问卷调查的结果可知（如图4-3所示），48.6％的被访者认为非常必要，33.6％认为比较必要，这两个比例说明80％以上的被访者认为女性应该参与市民议事会，不管是基于女性权利还是性别均衡。但同时，还有0.2％和1.7％的被访者认为没必要和不太必要，另有16％的被访者态度不明朗，表现出一种无所谓的态度。

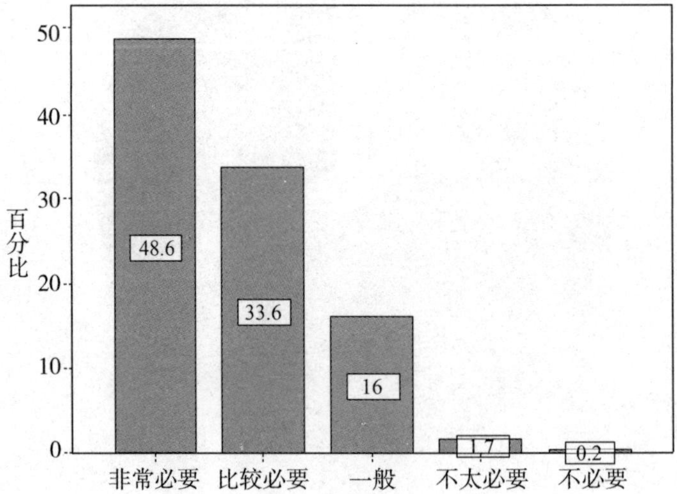

图4-3 您认为女性有必要参与市民议事活动吗

根据问卷调查结果，我们把女性答案抽离出来进行分析（如表 4-4 和图 4-4 所示），就会发现女性认为“女性非常有必要参与市民议事活动”的比例占 48.1%，加上认为“比较必要”的比例 35.8%，总数达到 83.9%，而认为“不必要”的比例仅为 0.4%。由此我们推断 C 区社区女性对自身价值和权利的认识正处在一个转型期，社会治理参与意识逐步提升并呈上升趋势。通过调查还发现，她们对自身权利维护和自我诉求表达的愿望迫切。

表 4-4　　您（女性）认为女性有必要参与市民议事活动吗

		频数	百分比（%）	有效百分比（%）	累积百分比（%）
有效	非常必要	117	48.0	48.1	48.1
	比较必要	87	35.7	35.8	84.0
	一般	38	15.6	15.6	99.6
	不必要	1	0.4	0.4	100.0
	合计	243	99.6	100.0	
缺失	系统	1	0.4		
合计		244	100.0		

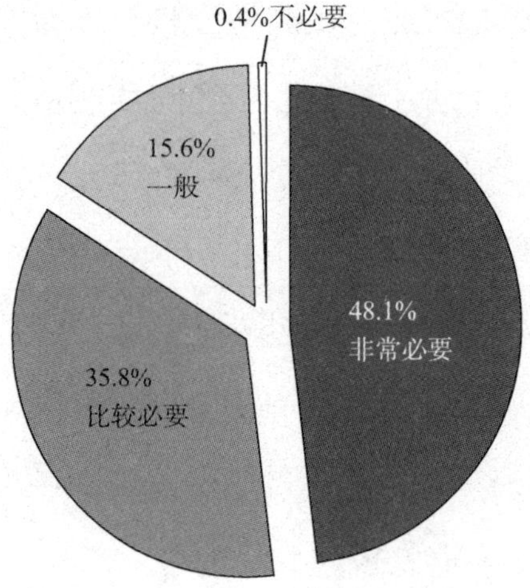

图 4-4 您（女性）认为女性有必要参与市民议事活动吗

三、女性参加市民议事会的意愿

如表 4-5 和图 4-5 所示，在参加市民议事活动的意愿方面，女性选择“非常愿意”“比较愿意”和“愿意”的比例加总起来高达 93.4%。据此可以看出，女性参与市民议事活动的内心意愿是非常强烈的。

同时仍约有 6.7%的女性表示“不太愿意”和“不愿意”。对此，通过调查得知原因主要有三点，即：“会都在周六开，孩子上补习班、打扫卫生啥的，谁家还没个事呢?”“没啥意思，参加了也没用，问题还是问题，解决不了。”“有啥意见，男的去提建议，分量更重。”① 可见，部分女性参与意愿不强与活动举办时间和处理家庭事务时间冲突，对活通

① 由访谈资料整理得出。

过该方式能否解决问题心存质疑，参与效能低以及自身想法或诉求有男性代言等因素有关。

表 4-5　　　您（女性）愿意参加市民议事活动吗

		频数	百分比（%）	有效百分比（%）	累积百分比（%）
有效	非常愿意	92	37.7	38.3	38.3
	比较愿意	69	28.3	28.8	67.1
	愿意	63	25.8	26.3	93.3
	不太愿意	7	2.9	2.9	96.3
	不愿意	9	3.7	3.8	100.0
	合计	240	98.4	100.0	
缺失	系统	4	1.6		
合计		244	100.0		

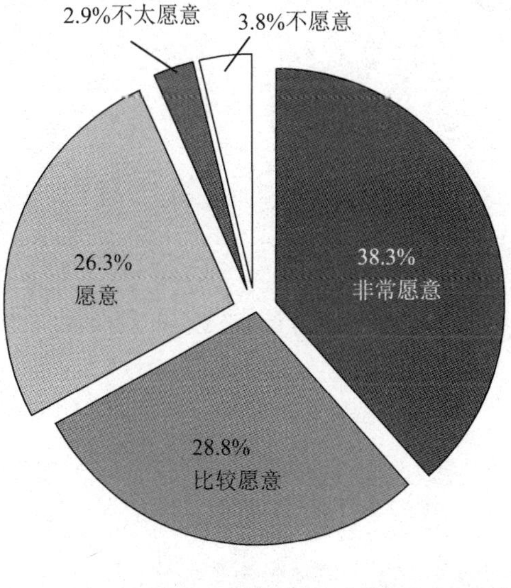

图 4-5　您（女性）愿意参加市民议事活动吗

第三节　女性参与市民议事会动机趋于理性

政治参与动机是政治参与主体参与活动时产生的内在驱动力，使自身行为朝着所期望目标前进的过程，动机直接表现为参与目的。女性参与市民议事活动的动机可以用首次参加时的状态、参加市民议事活动的经常状态来考察。

如表 4-6 和表 4-7 所示，第一次参加市民议事活动时选择“自己主动去的”女性比例为 36.8%，比男性高出 3.8 个百分点；参加市民议事活动多数情况为“自己积极参加”的比例男性与女性基本持平，这种结果与女性参与意识逐步提升是一致的，两者呈正相关关系。“主动参与”表明女性意识到了政治参与是自己的一项权利，是表达自身诉求和意愿的一种途径，也是参与社区事务治理并为其建言献策的一个平台。通过访谈也了解到，多数女性居民认为：“与其在会后发牢骚，在下面瞎议论，不如光明正大地在会上提出来。提了也不怕，本来也没恶意，都是真事，又不是捏造的……这个会本来就规定可以提意见和建议。”

表 4-6　　您第一次参加市民议事活动是怎样的

			您的性别		合计
			男	女	
您第一次参加市民议事活动是怎样的	自己主动去的	计数	87	82	169
		百分比（%）	33.0	36.8	34.7
	被社区组织去的	计数	125	88	213
		百分比（%）	47.3	39.5	43.7
	被周围人动员去的	计数	16	14	30
		百分比（%）	6.1	6.3	6.2
	偶然碰到的	计数	16	14	30
		百分比（%）	6.1	6.3	6.2
	其他	计数	20	25	45
		百分比（%）	7.6	11.2	9.2
合计		计数	264	223	487
		百分比（%）	100.0	100.0	100.0

表 4-7　您参加市民议事活动时大多数的状态是怎样的

			您的性别		合计
			男	女	
您参加市民议事活动时大多数的状态是怎样的	自己积极参加	计数	159	129	288
		百分比（%）	59.1	57.6	58.4
	我当选为市民代表	计数	24	21	45
		百分比（%）	8.9	9.4	9.1
	主办方邀请我参加	计数	52	23	75
		百分比（%）	19.3	10.3	15.2
	领导让我去凑数	计数	4	4	8
		百分比（%）	1.5	1.8	1.6
	看热闹	计数	11	20	31
		百分比（%）	4.1	8.9	6.3
	其他	计数	19	27	46
		百分比（%）	7.1	12.1	9.3
合计		计数	269	224	493
		百分比（%）	100.0	100.0	100.0

第四节　女性参与市民议事会的效能感较高

政治参与的效能感是指个人对其政治参与行为对于整个政治过程能够产生影响力的感觉或信念。[①] 较高的政治效能

① 参见李蓉蓉：《政治效能感：内涵与价值》，《晋阳学刊》2010 年第 2 期。

感可以极大地激发参与者的政治参与行为，提升政治参与的质量。女性在基层社会治理的参与也是如此。此处，女性参与市民议事活动的效能感是通过是否经常提建议、所提建议被采纳情况、参加市民议事活动的心理评价、自己在市民议事活动上表现的满意度四个方面进行考察的。

一、市民议事会上提建议的频率

针对“您在市民议事会上提过建议吗”的问题，如表4-8所示，女性选“经常提”的比例为21.3%，高出男性1.7个百分点；加上“偶尔提”的比例，女性在会上提建议的比例为64.8%，这两项比例男女两性基本上是均衡的，这说明在公开的议事场合，在社区政治参与的舞台上，女性与男性一样发挥着越来越重要的作用。

表4-8　您在市民议事会上提过建议吗

			您的性别		合计
			男	女	
您在市民议事会上提过建议吗	经常提	计数	53	49	102
		百分比（%）	19.6	21.3	20.4
	偶尔提	计数	119	100	219
		百分比（%）	43.9	43.5	43.7
	从不提	计数	99	81	180
		百分比（%）	36.5	35.2	35.9
合计		计数	271	230	501
		百分比（%）	100.0	100.0	100.0

二、市民议事会上所提建议被采纳的频率

如表 4-9 和图 4-6 所示，在参与过市民议事活动的女性被访者中，她们在市民议事活动上所提建议被采纳的比例中，“被采纳过很多”的占 26.7%，“被采纳过少数”的占 35.7%，总为 62.4%。从这些数据可以看出，女性在参加市民议事活动中愿意表达自己的想法或诉求，在访谈中也获知，她们所提建议并非完全是关涉个人利益，也有立足于社区发展、社区治理等方面而作出的思考。

表 4-9　　您（女性）提的建议被采纳过吗

		频数	百分比（%）	有效百分比（%）	累积百分比（%）
有效	很多	59	24.2	26.7	26.7
	少数	79	32.4	35.7	62.4
	从没	83	34.0	37.6	100.0
	合计	221	90.6	100.0	
缺失	系统	23	9.4		
合计		244	100.0		

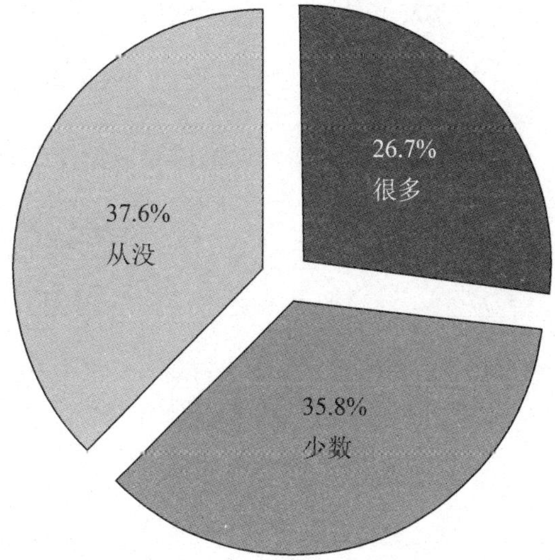

图 4-6　您（女性）提的建议被采纳过吗

三、对参加市民议事会的心理评价

从表 4-10 可知，女性参加市民议事活动的心理评价是很高的，认为“非常有意义”的比例与男性持平，均为43％；而在“比较有意义”选项中，男性比例低于女性 3 个百分点。访谈参与过市民议事活动的女性时得知，她们认为参与市民议事活动有意义，原因有：第一，这是一个表达自身诉求、家庭诉求或是代言无法与会的近邻诉求的平台。第二，会上社区干部述职环节能够获得一些事关社区发展或社区事务处理进展的政策或信息，来权衡对自己家庭的影响。第三，平时大家都各忙各的，市民议事活动提供了一个社区居民交流的机会，也可以关注一下社区其他人关注的社区事务。第四，（年纪稍大的女性）子女上班，孙辈上学，赋闲在家，参会就算去是凑热闹，也可视为生活的调味品。

表 4-10　您觉得参加市民议事活动的感受应该是怎样的

			您的性别		合计
			男	女	
您觉得参加市民议事活动的感受应该是怎样的	非常有意义	计数	119	99	218
		百分比（%）	43.3	43.2	43.3
	比较有意义	计数	114	102	216
		百分比（%）	41.5	44.5	42.9
	无所谓	计数	42	28	70
		百分比（%）	15.3	12.2	13.9
合计		计数	275	229	504
		百分比（%）	100.0	100.0	100.0

四、对参加市民议事会的自我评价

就总体而言，女性对参加市民议事活动的自我评价是较高的。如表 4-11 所示，有 42.5%的女性对自己在市民议事活动上的表现非常满意，该比例高出男性 2.1 个百分点。虽“一般满意”选项中男性比例高出 1.3 个百分点，但总体上对自己表现满意的比例，女性高出了男性。通过该数据加上访谈信息，可推断出女性满意度高是源于男女两性社会治理参与起点不同。对女性而言，在此之前，政治参与的渠道和机会很少，参与最多的就是村委会选举投票，而这是一种无声的、自主性不强的行为。以往多数研究表明，很多女性投票给谁基本上是由丈夫决定或遵从丈夫意愿，而在市民议事活动上的参与，则是一种有声的、自主性较强的行为，可视为多数女性从远观政治到融入政治的一个桥梁，她们的参与权利真正实现了从无到有的转变。对男性而言，在此之前的政治参与也许较少、较单一，是量的问题，而在市民议事活动上的参与只是增加了一个参与渠道，其政治参与经历是一个由少到多的转变。这两种不同转变的体验带给男女两性的感受是不同的，女性更能从中获得自我认同、对自我价值的认可与满足感。

表 4-11　　您对自己在市民议事活动上的表现满意吗

			您的性别		合计
			男	女	
您对自己在市民议事活动上的表现满意吗	非常满意	计数	109	96	205
		百分比（%）	40.4	42.5	41.3
	一般满意	计数	135	110	245
		百分比（%）	50.0	48.7	49.4
	不满意	计数	10	4	14
		百分比（%）	3.7	1.8	2.8
	无所谓	计数	16	16	32
		百分比（%）	5.9	7.1	6.5
合计		计数	270	226	496
		百分比（%）	100.0	100.0	100.0

综上可见，C 区的社区市民议事活动作为基层社会治理参与的一个范本，以其为切入点，从参与比例、参与意识、参与动机、参与效能感四个方面描述了女性参与市民议事活动的现状，并由此梳理出 C 区社区女性基层社会治理参与的四个特点：第一，女性参与市民议事活动的比例区间虽然较大，但较过去女性参与而言，女性获得了一个制度化的渠道，尤其是市民议事活动中户代表制的设计，为女性提供了一个很大的基层社会治理参与的空间。第二，从对市民议事活动的知晓度、参与必要性以及参与意愿三个方面的数据可知，女性政治参与意识逐步提升。第三，女性政治参与动机逐步趋于理性，不再总是屈服或遵从男性意志，日益认识到政治参与是自身的一项权利。第四，选取女性在市民议事会上提建议的频率、所提建议被采纳的频率、对参加市民议事会的心理评价以及对参加市民议事会的自我评价四个方面，发现女性整体的治理参与效能感高于男性。

第五章 女性参与市民议事会实践中存在的问题

随着经济社会的发展，公共事务日益复杂，需要越来越多的民众参与到公共事务的治理当中来。治理参与渠道的拓展，制度设计的完善，也为走出精英参与，让更多普通民众参与进来提供了条件。在我国，虽然女性获得政治参与权已有很长一段时间，但由于历史和文化的原因，女性参与发展的步伐是滞缓的。时至今日，女性在政治参与、社会治理参与等方面较过去而言，其参与的深度、广度都取得了巨大进步。但如果将这样的一个进步置于两性视野当中，不难看出，与男性相比，女性参与情况仍有很多不尽如人意的地方。

第一节 女性参与比例较男性略低

在市民议事活动中，如前所述，C 区社区市民议事活动中女性参与人员一般为社区“两委”成员、党员、居民代表、社区户代表、发展能人和驻社区企业负责人。其中，女性参与比例的高低很大程度上取决于户代表中女性的比例，而户代表中女性的比例则与议事主题有很大关系：男性感兴趣的，女性参与的几率就小，女性所占比例也随之降低。这里实则遵循的是一种“男性为主，女性为辅”的原则。

根据调查资料和统计数据，就总体而言，参与活动的女性比例在30％～60％，与男性相比略低。这与座谈会上区、街道、社区三级相关负责人的估算基本一致。C区三级市民议事活动开展以来，虽在制度要求上要做好记录工作，但实际记录内容一般为市民针对社区事务所提的问题、建议之类，而并未对参会人员进行过性别统计。表5-1是根据LT街道下辖部分社区上报《社区市民议事活动》开展情况的材料整理而得，从中可窥见一斑。

表5-1　2016年LT街道部分社区居民议事会参与人员性别统计情况①

社区名称	参与人数	男性		女性	
		人数（人）	占比（％）	人数（人）	占比（％）
GD社区	59	33	55.9	26	44.1
SP社区	45	26	57.8	19	42.2
XS社区	65	37	49.3	38	50.7
YJ社区	55	22	40.0	33	60.0

① 由调研资料整理而来。

续表

社区名称	参与人数	男性		女性	
		人数（人）	占比（%）	人数（人）	占比（%）
DLT 社区	64	38	59.4	26	40.6
XHL 社区	60	28	46.7	32	53.3
XJZ 社区	48	33	68.7	15	31.3
YJP 社区	113	52	46.0	61	54.0
DNGS 社区	87	59	67.8	28	32.2
WJNG 社区	106	58	54.7	48	45.3

第二节　女性参与意识较男性稍弱

如果将参与市民议事会的情况做性别分析的话，可以发现，与男性相比，在表现参与意识的三个维度，即对市民议事会的知晓度、对参与市民议事会的必要性以及参加市民议事会的意愿，女性仍存在着不小的差距。

一、女性对市民议事会的知晓度

对“您知道市民议事活动吗”这一问题进行性别分析的话，如表 5-2 和图 5-1，就会发现在“很了解”选项中，男性比女性高出 5.1 个百分点，据此可以推断出男性居民对市民议事会的熟悉程度普遍略高于女性居民；“了解一些”选项中，女性高出男性 3.2 个百分点。我们认为，这不仅与户代表制设计相关，还与多途径、多方式的活动宣传、通报等相关。就总体而言，在“对市民议事会的知晓度”上，男性略高于女性。

表 5-2　　　　　　您知道市民议事活动吗

			您的性别		合计
			男	女	
您知道市民议事活动吗	很了解	计数	108	78	186
		百分比（%）	37.2	32.1	34.9
	了解一些	计数	147	131	278
		百分比（%）	50.7	53.9	52.2
	听说过，但不太清楚	计数	29	29	58
		百分比（%）	10.0	11.9	10.9
	不知道	计数	6	5	11
		百分比（%）	2.1	2.1	2.1
合计		计数	290	243	533
		百分比（%）	100.0	100.0	100.0

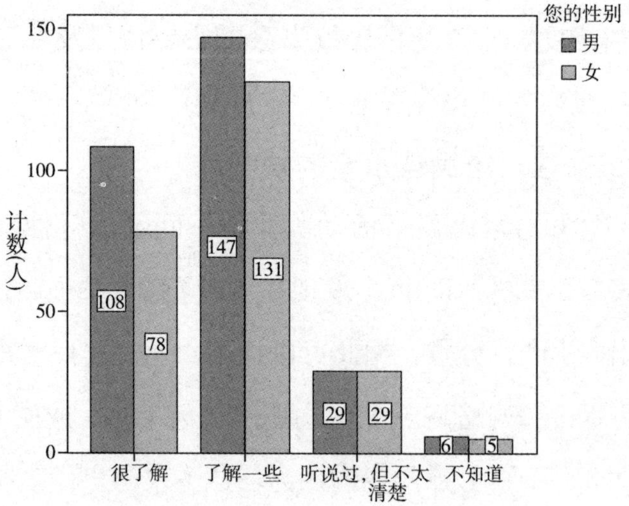

图 5-1　您知道市民议事活动吗

二、女性对自身参与市民议事会必要性的认识

根据问卷调查结果，我们对该问题的回答进行性别分析（如表 5-3 和图 5-2），就会发现一个事实，即虽然认为“女性非常有必要参与市民议事活动”的女性与男性比例相当，且认为“女性比较必要参与市民议事活动”的比例，女性高出男性 4.1 个百分点。但同时我们也要看到，选“一般”选项的女性和男性比例均为 16％左右。这反映出有相当一部分包括女性居民在内的居民对女性的政治参与权利认识模糊，并不认为参与权是女性一项不可剥夺的权利，而是可选择、可让渡的；同时，也说明有相当一部分男性居民和女性居民在新的社会治理参与背景下，仍然忽视或无视女性参与的权利和不能正确认识、认可女性的价值。

表 5-3　　　您认为女性有必要参与市民议事活动吗

			您的性别		合计
			男	女	
您认为女性有必要参与市民议事活动吗	非常必要	计数	142	117	259
		百分比（％）	49.0	48.1	48.6
	比较必要	计数	92	87	179
		百分比（％）	31.7	35.8	33.6
	一般	计数	47	38	85
		百分比（％）	16.2	15.6	15.9
	不太必要	计数	9	0	9
		百分比（％）	3.1	0.0	1.7
	不必要	计数	0	1	1
		百分比（％）	0.0	0.4	0.2
合计		计数	290	243	533
		百分比（％）	100.0	100.0	100.0

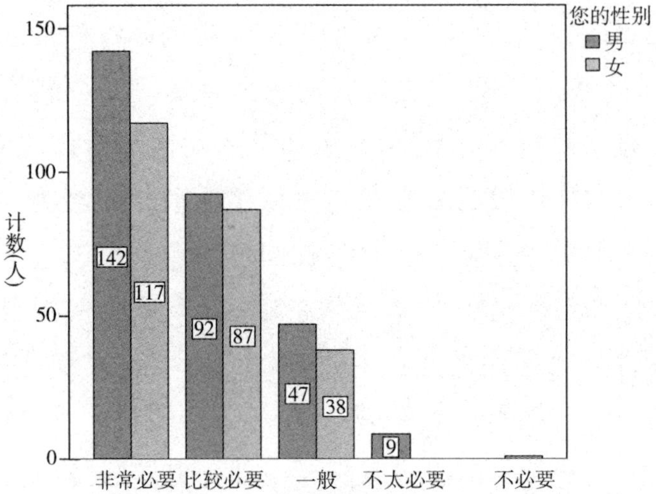

图 5-2　您认为女性有必要参与市民议事活动吗

三、女性参加市民议事会的意愿

如表 5-4 所示，在参加市民议事活动的意愿上，女性在"非常愿意"和"比较愿意"两项上虽然与男性所占比例差别不大，差距只有 0.9 个百分点，但在"不愿意"一项上，女性高了男性 1.7 个百分点。因此，就总体而言，在参加市民议事活动意愿的性别比较上，与男性相比，女性处在基本持平但略低的状态。

表 5-4　　您愿意参加市民议事活动吗

			您的性别		合计
			男	女	
您愿意参加市民议事活动吗	非常愿意	计数	111	92	203
		百分比（%）	38.7	38.3	38.5
	比较愿意	计数	84	69	153
		百分比（%）	29.3	28.8	29.0
	愿意	计数	68	63	131
		百分比（%）	23.7	26.3	24.9
	不太愿意	计数	18	7	25
		百分比（%）	6.3	2.9	4.7
	不愿意	计数	6	9	15
		百分比（%）	2.1	3.8	2.8
合计		计数	287	240	527
		百分比（%）	100.0	100.0	100.0

第三节　女性参与动机应付成分稍多

当被问到“您第一次参加市民议事活动的动机是什么”时，调查结果如表 5-5 和表 5-6 所示。表 5-5 中“被社区组织去的”和表 5-6 中“我当选为市民代表”反映的都是户代表的身份。在经常状态中，女性高出男性 0.5 个百分点，可视为持平。被主办方邀请参加的男性比例为 19.3%，高出女性 9 个百分点。我们认为，这与市民议事活动中社区两委干部、党员、居民代表必须参加有关。如前所述，这三个群体中女性比例远远低于男性。

对于参加市民议事活动的目的，选“看热闹”一项的女性比例为8.9%，高出男性4.8个百分点。选此项的女性一般是作为普通户代表参加的，这部分女性或是对社区领导解决问题的能力不信任，或是参会效能感较低，或是处于一种想说却又有所顾虑的状态，或者只是被社区领导动员应付参与，甚至是只为凑个人数，总之，在会上没有建议或意见要提，仅仅是一种观望的消极心态。

表5-5　　您第一次参加市民议事活动是怎样的情况

<table>
<tr><td colspan="3" rowspan="2"></td><td colspan="2">您的性别</td><td rowspan="2">合计</td></tr>
<tr><td>男</td><td>女</td></tr>
<tr><td rowspan="10">您第一次参加市民议事活动是怎样的情况</td><td rowspan="2">自己主动去的</td><td>计数</td><td>87</td><td>82</td><td>169</td></tr>
<tr><td>百分比（%）</td><td>33.0</td><td>36.8</td><td>34.7</td></tr>
<tr><td rowspan="2">被社区组织去的</td><td>计数</td><td>125</td><td>88</td><td>213</td></tr>
<tr><td>百分比（%）</td><td>47.3</td><td>39.5</td><td>43.7</td></tr>
<tr><td rowspan="2">被周围人动员去的</td><td>计数</td><td>16</td><td>14</td><td>30</td></tr>
<tr><td>百分比（%）</td><td>6.1</td><td>6.3</td><td>6.2</td></tr>
<tr><td rowspan="2">偶然碰到的</td><td>计数</td><td>16</td><td>14</td><td>30</td></tr>
<tr><td>百分比（%）</td><td>6.1</td><td>6.3</td><td>6.2</td></tr>
<tr><td rowspan="2">其他</td><td>计数</td><td>20</td><td>25</td><td>45</td></tr>
<tr><td>百分比（%）</td><td>7.6</td><td>11.2</td><td>9.2</td></tr>
<tr><td colspan="2" rowspan="2">合计</td><td>计数</td><td>264</td><td>223</td><td>487</td></tr>
<tr><td>百分比（%）</td><td>100.0</td><td>100.0</td><td>100.0</td></tr>
</table>

表 5-6　　您参加市民议事活动时大多数的状态是怎样的

			您的性别		合计
			男	女	
您参加市民议事活动时大多数的状态是怎样的	自己积极参加	计数	159	129	288
		百分比（%）	59.1	57.6	58.4
	我选为市民代表	计数	24	21	45
		百分比（%）	8.9	9.4	9.1
	主办方邀请我参加	计数	52	23	75
		百分比（%）	19.3	10.3	15.2
	领导让我去凑数	计数	4	4	8
		百分比（%）	1.5	1.8	1.6
	看热闹	计数	11	20	31
		百分比（%）	4.1	8.9	6.3
	其他	计数	19	27	46
		百分比（%）	7.1	12.1	9.3
合计		计数	269	224	493
		百分比（%）	100.0	100.0	100.0

第四节　女性内部参与效能分层明显

一、市民议事会上提建议的频率

针对“您在市民议事会上提过建议吗”的问题，如表5-7所示，虽然女性选“经常提”与“偶尔提”的加总比例略高于男性，但同时也要看到仍有35.2%的女性从未提过建议。对此，一位社区妇联主任说："市民议事活动刚举办的时候，提问的人或提建议的人还比较多，现在提的人少了，因为现在的人法律意识变强，村务公开、财务公开，社区干部平时做事都比较透明，老百姓对社区的事务都很了解。另外，平时居民有涉及自己的事需解决的话，随时都可以去找社区'两委'，可以说大家有什么事，都是随时商讨随时解决，不需要什么事都拿到市民议事活动上提。"即便如此，也能表明女性群体在政治参与程度上也不是铁板一块，而是有区别的。

表 5-7　　您在市民议事会上提过建议吗

			您的性别		合计
			男	女	
您在市民议事会上提过建议吗	经常提	计数	53	49	102
		百分比（%）	19.6	21.3	20.4
	偶尔提	计数	119	100	219
		百分比（%）	43.9	43.5	43.7
	从不提	计数	99	81	180
		百分比（%）	36.5	35.2	35.9
合计		计数	271	230	501
		百分比（%）	100.0	100.0	100.0

二、市民议事会上所提建议被采纳的频率

如表 5-8 和图 5-3 所示，在参与过市民议事活动的被访

者中，与男性相比，女性在市民议事活动上所提建议被采纳的比例与男性有一定差距。“被采纳过很多”一项中，男性高出女性 2.8 个百分点，加上“少数”选项，则在“所提建议被采纳过”的比例上，男性高出女性 7 个百分点。在访谈中，获知原因主要有二：一是在与社区发展或社区事务治理方面，虽然女性提建议的积极性很高，但男性拥有更多的话语权而被较多关注。二是因能力所致，男性所提建议一般都经过深思熟虑，比女性的建议更符合社区实际，更中肯，更具操作性，用他们的话说是“更为理性”。

表 5-8　　　　　　您的建议被采纳过吗

			您的性别		合计
			男	女	
您的建议被采纳过吗	很多	计数	79	59	138
		百分比（%）	29.5	26.7	28.2
	少数	计数	107	79	186
		百分比（%）	39.9	35.7	38.0
	从没	计数	82	83	165
		百分比（%）	30.6	37.6	33.7
合计		计数	268	221	489
		百分比（%）	100.0	100.0	100.0

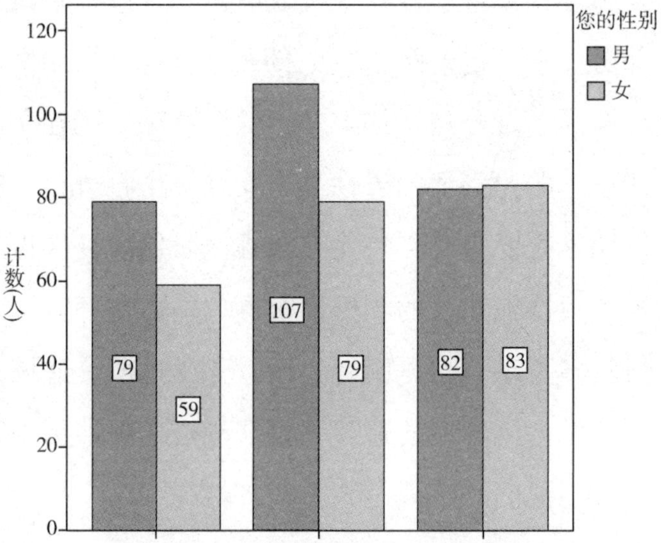

图 5-3　您的建议被采纳过吗

三、对参加市民议事会的心理评价

从表 5-9 可知，即便与男性相比，部分女性对参加市民议事活动的心理评价仍是很高的。认为“非常有意义”和“比较有意义”两项中，女性高于男性将近 3 个百分点。但同时也要看到，仍有 12.2%的女性对“参加市民议事会”抱着无所谓的态度。

表 5-9　　您觉得参加市民议事活动的感受应该是怎样的

			您的性别		合计
			男	女	
您觉得参加市民议事活动的感受应该是怎样的	非常有意义	计数	119	99	218
		百分比（%）	43.3	43.2	43.3
	比较有意义	计数	114	102	216
		百分比（%）	41.5	44.5	42.9
	无所谓	计数	42	28	70
		百分比（%）	15.3	12.2	13.9
合计		计数	275	229	504
		百分比（%）	100.0	100.0	100.0

四、对参加市民议事会的自我评价

如前文表 4-11 所示，女性对参加市民议事活动的自我评价也是比较高的，对自己在市民议事活动上的表现表示“满意”的比例高达 91.2%。即便如此，也有小部分女性表示“不满意”或“无所谓”。经访谈得知，对自己表示“不满意”的女性中，一部分是源于不自信，带着想法或建议去参会却不好意思提出，怕自己的问题提得不好被嘲笑；另一部分是因为自己的能力欠缺，想要发言却不知从何说起。

透过市民议事会实践的小窗口，可以窥见参与其中的社区居民的性别差异。从性别视角进行分析，可以看出女性在市民议事活动参与中仍存在四个方面的问题：第一，在参与比例上，女性低于男性，而且女性参与比例的高低带有很大的不确定性。第二，在参与意识上，女性较男性稍弱，这在很大程度上是受历史和文化因素影响。第三，在参与动机上，女性较男性而言应付成分稍多，有相当多的参与机会是男性让渡的结果。第四，在参与效能上，因受教育水平、职业、年龄、经历、家庭性别友好程度等多种因素影响，女性群体呈现出明显的分层现象。

第六章　女性参与市民议事会的影响因素

从前一部分分析女性在社区市民议事活动中的参与情况看，总体而言，女性基层社会治理参与取得了不少成绩，但与男性相比，仍存在着问题和差距。不管是成绩取得还是差距存在，都与当地的政治参与生态有关，其中既有有利因素，也有制约因素。

第一节　女性参与市民议事会的促进因素

参与式治理理念强调凡是与公民生活或利益相关的政策，公民都应该参与其制定过程。C区市民议事活动正是这一理念指导下的制度创新，为女性政治参与提供了新契机和新平台。同时，女性参与生态环境的改善也为其政治参与打下了良好基础，使得更多女性有机会对事关自身利益的社区事务表达自己的诉求与想法，也让领导决策更能体现民意、凝聚共识。

一、经济发展为女性基层治理参与打下了坚实的物质基础

美国著名政治学家亨廷顿曾经说过，高水平的政治参与总是与更高水平的发展相伴随，而且社会和经济更发达的社会，也趋向于赋予政治参与更高的价值。① 一个地区经济发展程度的高低对其居民政治参与水平至关重要，尤其是对女性而言，落后的经济是导致她们参与机会少和参与水平低的关键因素；反之，发达的经济会为女性政治参与提供一定的可能性和必然性。

首先，C 区发达的区域经济为社区女性政治参与提供了坚强后盾。21 世纪初期，在推进城镇化过程中，C 区 195 个农村全部改为社区，其中虽有少数几个社区居民保留了少量土地，但所有居民的生活来源都已不再依靠农业生产，而主要来源于财政性收入、工资性收入或家庭经营性收入等。C 区外资、合资企业较多，吸纳劳动力的能力强，当地居民基本上没有外出务工的，只要愿意工作，包括男女两性在内的居民都可获得稳定的收入（如表 6-1 所示）。而且 C 区有很多电子、服装、工艺品等生产企业，在一定程度上，女性在这些企业中更有优势，胜任的工种比男性还要多，收入比

① 参见［美］塞缪尔·亨廷顿、琼·纳尔逊著：《难以抉择：发展中国家的政治参与》，汪晓寿等译，华夏出版社 1989 年版，第 69 页。

男性还要高，因此，在C区女性和男性一样拥有独立的经济地位，这为女性政治参与奠定了良好的物质基础。正如王沪宁曾经指出的那样："经济发展使社会上的每一个人、每一个集团、每一个阶层都有了自己的经济利益，由于有了自己的经济利益，他们就会要求参与政治生活，要求了解政治体系的活动过程。"①

表 6-1　　　　居民月收入情况

			您的性别		合计
			男	女	
您的月收入为	1500元及以下	计数	75	75	150
		百分比（%）	26.4	31.6	28.8
	1500～3000元	计数	139	118	257
		百分比（%）	48.9	49.8	49.3
	3000～5000元	计数	59	42	101
		百分比（%）	20.8	17.7	19.4
	5000元以上	计数	11	2	13
		百分比（%）	3.9	0.8	2.5
合计		计数	284	237	521
		百分比（%）	100.0	100.0	100.0

其次，发达的区域经济为女性政治参与消除了后顾之忧。C区除了众多的企业为当地居民提供就业机会外，村改

① 王沪宁：《比较政治分析》，上海人民出版社1987年版，第237页。

居过程中旧房拆迁改造也为社区居民带来了丰厚的经济利益。旧房拆迁后，按照旧房面积大小，以户为单位进行新房分配，平均每家能分到 2～3 套房子，最多一户分了十几套房子。根据 2013 年中国社科院发布的《社会蓝皮书》可知，超过半数的城市居民主要的三大经济压力来自住房、基本生活成本和子女教育，比例依次为 56.9%、49.2% 和 33.2%。[①] 因此，对 C 区农村社区居民而言，根本不存在住房经济压力。而且充裕的住房让很多老人选择了以房养老，靠收取房租足以维持一份体面的生活，不必受制于子女，同时也减轻了子女的负担。另外，社区厂房租赁、土地出租获得的集体收入，社区之间虽有差异，但都可为本社区居民提供一些可观的福利。如，为老人免费投保，办社区幼儿园，为在社区外上小学的孩子提供免费校车接送等。再者，家务劳动的电器化和社会化把女性从中解放了出来，通过访谈得知，C 区社区女性用在家务劳动上的时间较农村地区少，平均每天达 2～3 个小时，这也得益于在部分家务劳动上的男女共担模式。由此看出，C 区农村社区雄厚的经济实力消解了女性在养老育儿方面的重担，为女性的政治参与提供了精力、时间和可能。

---

① 参见《超半数城市居民经济压力大 源自住房和生活成本》，http://lianyungang.house.qq.com/a/20121219/000004.htm，2012-12-19。

二、逐步增强的性别平等意识为女性参与提供了精神支持

C区地处青岛市北大门，改革开放较早，经济比较发达，文明程度较高，人们抛弃旧观念、接受新思想新观念快，性别平等意识逐步增强。不管是座谈中的相关负责人还是被访的社区男女居民，他们均表示“C区女性地位很高，男女平等了”。当问及促成因素时，他们给出的解释有二：第一，女性与男性一样参与社会、外出工作，拥有独立的经济地位，是不可或缺的家庭供养者。第二，包括男性在内的C区居民逐步认识、认可了从事家务劳动的价值，认为女性在照顾老人、养育孩子、打理家庭与邻里亲戚等各种关系方面贡献更大，即便没有外出工作的老年女性也是值得尊重的。对于男女平等的表现，被访的一位社区妇联主任说：“在家中，家务劳动男女共同承担，比如做饭，谁下班早谁有空谁做……吃完晚饭，女人要外出跳舞健身，男人就得洗刷，还要监督孩子写作业；在外面，有个什么集体的会或事需要参加或讨论时，男的愿意去就男的去，女的愿意去女的也可以去，我们这儿都是商量着来，没有非要分清男人做什么、女人做什么……关于就业，有适合男性干的，也有适合女性干的，适合谁干就谁干。比如，很多制作手工艺品的企业就想要女性，女性手巧灵活适合干；那些操控机械的企业就想要男性。这也是发

挥男女两性各自特长。”[①] 由此可以看出，随着社会的发展，C区农村社区中已逐步实现两性在私人领域和公共领域的互渗和融合，进入了原属对方的活动空间，而且这种互渗和融合变得越来越自然，正慢慢成为人们的一种不自觉和无意识。在此过程中，性别平等意识也随之增强。

性别平等意识的增强唤醒了女性的主体意识。C区农村社区女性社会地位的提高，性别平等意识的增强，使得她们不仅认识到了自己对家庭、对社会应担负的责任和义务，也明确了自己所应享受的权利，逐步意识到自身作为与男性一样的社会一员应实现的价值。女性的这种主体意识就是女性作为主人公对自己在社会中的地位、责任和作用的自主意识，是女性提高地位，追求独立，发挥主动性、能动性和创造性的前提，也是她们完整地实现主体价值并激活自我内在潜能的必备素质。近年来，C区农村社区的女性正是具备了主体意识，在社区治理、社区参与的舞台上发挥了越来越大的作用。

性别平等意识的增强使女性政治参与获得了家人的支持。越来越多的男性逐步抛弃了刻板的性别印象和固化的性别分工，日益认识并认可女性在家庭和社会中的能力和独特价值，日益尊重和重视女性的话语权。另外，社会的快速进

① 根据访谈资料整理而来。

步，信息技术的日新月异，家庭的发展离不开每个成员的努力，女性的人力资本不容小觑。她们的政治参与不仅可以为家庭带来最新的社区发展信息，还会因她们为社区发展积极建言献策而使家庭获得更多的声望。被访的男性均表示“非常支持家中女性的政治参与，只要她有能力，竞选居两委干部也支持”。他们认为，C区年轻一代的男女两性在受教育方面几乎没有区别，女性能力也很强，有些想法也非常好，尊重她们的话语权是自然的。另外，家中女性如能竞选上社区两委干部，也是拥有了一份正当而体面的工作，还可以最先获知社区信息。他们坦言，C区社区两委中书记和主任工资很可观，其具体标准是由街道来定，社区负责发放。街道按照年终考核结果将所有社区分成一、二、三类，一类社区书记、主任一年工资为3.8万元，二类社区为3.6万元，三类社区为3.2万元。

性别平等意识的增强为女性政治参与赢得了良好的社会舆论环境。C区随着经济的发展、社会的进步，人们尤其是年轻一代性别意识上发生了很大变化。他们对不同性别的刻板定位和角色分工逐步淡化，很多事情上不会再用性别作为唯一标准进行权衡，而是把男女两性以“同样的公民，一样的社会成员”去考量，标准是“三个是否”，即是否适合，是否有意愿，是否有能力。在对待女性政治参与上，被访的男女两性都表示了支持态度，指出C区社区居民很大程度上已经淡化了性别，不再明确区分“女性工作”和“男性工作”，基本上已不存在歧视女性抛头露面、非议女性参与社区事务和社区治理的事情。

三、参与机制设计创新为女性参与拓展了制度空间

市民议事活动在制度设计上第一个突出特点是“户代表制”，它打破了过去只有党员、居民代表参与的惯例，把普通户代表作为议事活动的参与主体，并对普通户代表参与数量设定了具体比例，还通过交叉参与方式确保两年内实现普通户代表参加议事活动的全覆盖。户代表表达的诉求和意见不是代表个人意志，而是整个家庭成员的意志，一般是由全家人尤其是夫妻二人商议后确定。而一户中由谁充当代表去参加议事活动，则取决于意愿与时间两个因素。

一方面，C 区社区女性地位的提高始自家庭地位的提高，家庭协商中女性有足够的话语权。在实际生活中，对于主题鲜明且涉及经济利益的议事活动，夫妻二人一般对各自性格、能力等因素权衡后商定，多数情况则是依据“谁有空闲谁去”的原则。对于常规的议事主题，户代表表达的诉求是可大可小的，大到旧村改造、道路修缮，小到垃圾清理、门窗维修、环境卫生、邻里关系等。从已有实践看，涉及居民切身利益的“小事”居多。比如，XZ 街道 XZZT 社区市民议事会上，社区居民苗花建言说：“咱们社区主大街附近的一条巷子，两边水沟盖板破损了，不大安全，孩子出来玩

的时候容易掉进去，请及时修理。”还有其他社区女性提出：“社区休闲小广场离进社区路口太近了，孩子晚上在这儿玩时太危险了，能不能把小广场搬迁到社区内某个闲置的、比较安全的地方？”再如：“社区里有条方便老人接送孩子上幼儿园的小路，比较窄，过车时容易发生刮擦，能不能在从社区到幼儿园区域，居民较聚集的路段两边建起路台？类似人行道，能容纳两人并排的宽度就可以。”对于这类小诉求，男性不愿也不屑去提，感觉有伤颜面，担心这会使自己显得像女人一样婆婆妈妈。

另一方面，根据“4050”人员再就业模式与男短女长的人类寿命规律，社区年龄稍长的住户中留在家里的女性居多。即便议事活动一般安排在周六、周日举行，男性仍会因加班、休息或处理个人家庭事宜等原因而没有时间参加活动。就此意义上说，对于年龄稍长的住户，女性比男性在参与时间上更充裕、更灵活。

市民议事活动在制度设计上第二个突出特点是工作方式的创新。市民议事活动打破了以往社区开会“干部台上讲，群众台下听”、互动交流不够的僵局，议事现场撤掉主席台，或将桌子摆成“圆桌式”，如图 6-1 和图 6-2，营造出邻里“拉闲呱”式的平等、宽松环境。这种方式可以缓解议事过程中的紧张气氛，对惯于“守内”而公共活动参与不足的女性来说尤为重要。

图 6-1　HY 社区市民议事活动现场

图 6-2　SMF 社区市民议事活动现场

四、妇联推动的妇女议事会为女性参与锻炼了能力

社区妇女议事工作是区妇联为有效拓展女性参与民主管理渠道，搭建女性“能说话、有话说、不白说”的交流平台而在全区社区中开展的一项活动，以“访需问忧、议事问计、协调参与、惠及姐妹”为主题，由各社区妇联主任负责。妇女议事会会长由各级妇联主席兼任，负责召集议事会和主持议事会全面工作，副会长 1 名，由具有较高威望的女性代表担任，协助会长负责议事工作，议事主体为各级各界女性代表。妇女议事会议题设置紧扣女性群众关心的热点问题或矛盾，因时因地采用定期议事、一事一议、要事随议，除通常采用的座谈会、研讨会等集中议事方式外，还积极探讨现场议事、走访议事、上门议事、接待议事、调研议事、微信议事、APP 议事等形式。

妇女议事活动激发了女性群众的议事热情，帮助她们实现了从最初不想说、不愿说、不敢说到现在争着说、抢着说的转变，不仅锻炼了社区普通女性，也培养出一大批女性骨干，使得女性的参与意识和参与热情逐步提高，参与能力不断增强，女性在社区议事活动的舞台上发挥着越来越重要的作用。下面是 C 区向阳社区妇女议事会实践的一个缩影：

SM 街道向阳社区妇女之家，不时传来妇女们的讨论声、欢笑声，热闹非凡，一场别开生面的妇女议事活动在这里举行。会上，社区群众郭彩兰提出：“现在能吸收大龄女

性工作的企业越来越少，社区能否帮忙联系一些适合大龄女性的工作，增加她们的收入?”令她意想不到的是，这一问题提出后，一个星期内立马得到了解决，社区妇联通过联系周边的首饰加工厂，在妇女刘建秀家成立了一个首饰加工点，吸纳了20多名妇女干起手工活儿，不出家门即实现了每月近千元的增收。郭彩兰由衷地感慨道：“社区两委这么尊重我们提出的意见，真让我们找到了做主人的感觉。”(调研材料：D20170706)

总之，C区社区女性政治参与中成绩的取得与社区政治参与的新形势是分不开的，换言之，政治参与新形势为女性带来了新的契机和平台。C区比较发达的经济、公民逐步增强的性别平等意识、参与制度设计上的创新、妇联女性议事工作的开展等都为女性参与创造了良好的政治生态环境。在此环境中，参与式治理为女性政治参与开辟了新的渠道，拓展了新的空间，让更多女性有机会对事关自身利益、社区事务和社区发展的事项上表达自己的诉求和想法，让领导决策更能聚民意、凝共识。

第二节　女性参与市民议事会的制约因素

女性参与国家和社会事务管理、享有民主和自由的程度是女性社会地位和政治地位的重要标志，也是社会进步程度的重要标尺之一。C区日益改善的参与生态虽为女性基层社会治理参与提供了良好条件，但从参与效果看，女性与男性相比仍有一定差距。追根溯源发现，制约女性基层社会治理参与效果的因素主要有四种，即传统性别文化惰性的约束、参与制度的性别敏感度不高、组织化程度低和女性自身素质能力的局限。

一、传统性别文化惰性的约束

性别文化作为一种文化现象，影响着人们的思维模式与行为选择，是塑造男女两性性别角色的关键因素。文化一旦形成就不易改变，且对社会的影响长久深远，传统性别文化即是如此。

传统性别文化以男权为主导、以男性为本位，是为维护男性的绝对权威和政治地位而构筑的文化，其核心为男尊女卑、男强女弱、男主外女主内。这种文化有两个明显特点：第一，贬低女性价值，使女性成为男性附庸。第二，将女性排斥在政治生活之外，将女性角色定位于“主内”，若她们参与政治，则会被斥责为“牝鸡司晨”，招来家人的谴责和社会的嘲笑。这种传统性别文化延续几千年，早已入风化俗，内化成人们的一种自觉意识和行为，它就像一张无形而强大的网络，将女性局限于家庭而与政治隔离。女不言权，女不言政，政治领域对女性的歧视和排斥成为一种集体无意识。由此，女性的政治参与不仅受到家庭的干扰，也很难获得社会舆论的支持。

虽然近些年，随着基层民主工作的推进、男女平等基本国策的普及、先进性别文化的构建，传统性别文化对人们的禁锢有所松动，但因历史的惯性，它的影响在农村地区仍根深蒂固，并渗透到人们日常生活的各个领域，成为人们的一种心理定势和潜在意识，左右着女性的思维方式和行为模式。其结果是农村女性自觉地恪守着这种文化规范，把“遵守妇道”“相夫教子”“传宗接代”作为实现自己人生价值的方式，将“主内”视为自己的本分，而对村庄事务漠不关心，将自己应有的权利拱手相让，参与意识与权利观念淡薄，在村级事务管理中长期处于边缘化状态。长此以往，农村女性的参与意识和管理能力受到限制，致使在村委会换届选举时，从表面上看大多数选民为女性，但她们的选票却有相当数量体现的是丈夫的意愿。换言之，女性参加投票，但投给谁是丈夫说了算，遵从的是丈夫的意愿。

C区的195个社区都是城镇化推进过程中出现的“村改居”社区，它们既不同于农村社区，也不同于完全的城市社区。尽管C区地处城乡结合部，沐浴改革开放的春风，发展较快，其农村社区与其他偏远农村相比，文明程度较高，性别平等意识提升较快，但在管理体制、文化传统等方面仍偏向农村。因此，传统性别文化对这一地区男女两性的浸染也是根深蒂固的，改变他们的观念并非朝夕之事。比如，在调查中，包括男性在内的被访者都认为“C区女性地位提高了，男女平等了，女人在家庭里有话语权”，甚至有些男性还调侃说“在家里，老婆第一，孩子第二，如再有小猫小狗的话，自己要排名第四了”。但从与被访者后续的访谈中可以看出，人们所谓的“女性地位提高”很大程度上囿于家庭领域。在女性承担较多的养老、育儿方面，女性的决定权甚至高于男性，而在家庭重大事务如家庭投资或贷款、买房等决策权上，夫妻双方协商决定的比例大于完全由男性或女性单方决定的比例。鉴于此，“女性地位大大提高”是较过去即便在家庭领域女性也没有话语权而言的。而这种“提高”更侧重于认知上，在日常家庭领域中并没有完全转化为男性的行动。如图6-3，“家务如何分配”这一指标显示，虽有71.6%的家庭由夫妻双方共担家务，但仍有约15.6%的家庭完全由女性承担。正如作家阎连科所言：“在女性一生命运中，家务和劳作，被传统灌输为那是她们天经地义的事，宛若她们生而为女人，生而就该和男人一样去干‘男人的事’，并且丝毫不能丢弃‘生而为女人的事’。”[①]

---

① 阎连科：《她们》，河南文艺出版社2020年版，第194页。

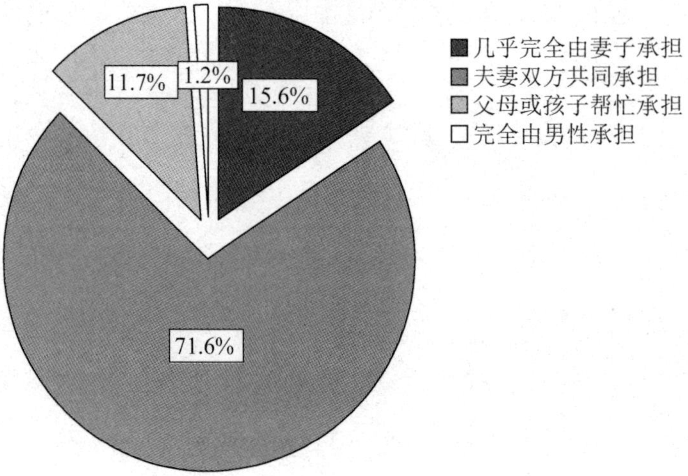

图 6-3 您家的家务如何分配

在公共领域中，女性地位大大提高只是女性家庭地位提高的一种幻象，在某种意义上有夸大之嫌。同村委会选举投票一样，很多女性参加市民议事活动，从表面上看参会人员中女性的比例提高了，但她们带去的是丈夫的想法或意愿，夫妻二人的协商在很大程度上是丈夫传话给妻子。很多女性被访者尤其是年龄稍长者坦言："一般是他（丈夫）说提个什么事，我就在会上给说说。"这一点在与各级相关负责人的座谈中也得到了证实，男性和女性负责人均表示："女性去开会的机会多，其实谁去都一样，都是两人商量好的，但大多数是男性说了算。"若是市民议事活动的议题是男性感兴趣的或涉及经济利益的，男性参与意愿强，则男性参与的几率就大，即男性与女性相比，更能按照自己的意愿行事，这一点从访谈1也可获知。在针对社区两委中女干部比例偏低的问题上，包括妇联主任在内的男女被访者都表示："两委中女干部不能没有，但也不能太多，一两个就行，多了就乱套了!"对此他们说："社区很多工作如计生离不开女性，必须有一个，而且省里文件有规定'女性100%进村两委'，但多了就不行了。"当被追问"为什么多了就不行"时，一名妇联主任给出了三点理由："第一，自上而下的干部队伍构成惯习使然，即上至政治局常委，下至省市县各级干部队伍构成中都是男多女少。所以，在社区一级，干部一般为3～5人，如果女性多了，男性也不会同意。第二，与男性相比，女性能力普遍低，能胜任书记、主任的女性凤毛麟角。第三，女性合作力差，女性多了不是什么好事。俗语说'男女搭配，干活不累'，两委中的女委员负责社区宣传、计生等内部事务，男领导对外抓经济，一里一外，相辅相成，班子也很和谐稳定。"

访谈1（访谈资料：Q20170705）：

笔者：你们家的户代表是怎么协商的？有什么规则吗？

女性QAF：没啥规则，都是我俩商量的。如果他没空或是加班，我就去；他觉得这次会的议题没啥，也是我去。

笔者：那如果遇到你也想去，他也想去，那最后会是谁去？

女性 QAF：肯定是他去，平时也是他不去我才去，他去就不用我去了。

由此可见，传统性别文化观念对男女行为的影响，随着社会的发展虽已发生改变，即便是在农村场域中也从形式上实现了两性在私人领域和公共领域的互渗和融合，逐步进入了本属对方的活动空间。但是，男外女内、男尊女卑的性别观念并没有从人们头脑中根除。尤其对 40 岁以上的女性而言，她们对社区事务管理和政治活动仍是一种淡漠的态度，并对其缺乏独立思考。我们可以看到，因传统性别文化惰性的存在，选谁作为户代表由夫妻二人协商的背后实际上是以男性为主导的，女性参与空间的大小是以男性的让渡为基础，并非女性的尽力主动争取。这种协商性质正是女性参与比例徘徊在 30%～60%这么大一个区间的原因，从一个侧面也反映出社区市民议事活动实质上仍是由男性主导的一个政治活动。

二、参与制度性别敏感度不高

制度是人们社会关系和社会行为的规范体系，包括一系列法律、规则、惯例、程序等①，而参与制度是影响女性政治参与的一个关键变量。青岛 C 区的市民议事活动本身就

① 参见张凤华：《农村妇女在政治参与中存在的问题及改善措施》，《汕头大学学报》2005 年第 5 期。

是一种基层社会治理中政治参与制度的创新，而“户代表制”的实施也有力地推动了女性对社区公共事务的参与。但从社会性别视角视之，C区市民议事活动在制度设计上仍然存在不少的缺陷，特别是一些看似性别中性和自由公正的制度设计，由于忽略社会性别差异的客观存在，结果导致了男女两性政治参与上的失衡。

C区社区市民议事活动作为该区为了适应转型时期居民诉求和心态的变化，面对面地听取民声，让更多居民更广泛地参与并监督社区事务而实施的一项制度。该制度规定区级市民议事活动全年共安排10次，在区百姓乐园市民议厅组织，实行“市民代表＋特邀代表＋社会征集人员”的办法确定议事对象，总人数不得少于60人，以60人至100人为宜。街道级市民议事活动全年不得少于8次，在街道社区中心或片区社区中心组织，市民代表由辖区内各级党代表、人大代表、政协委员及其他市民代表组成，市民也可自愿报名参加，人数以30人至60人为宜。社区级市民议事活动全年不少于3次，参会人员为社区老干部、党员、居民代表及驻社区企业、外来人员等其他代表组成，社区居民也可自愿报名参加，人数由举办方根据社区居民人数多少自行决定，一般安排在街道服务中心或片区服务中心的阳光议事厅进行。三级市民议事活动一般安排在周六或周日上午。

在实际运作过程中，相较于社区级的市民议事活动而言，195 个社区的普通居民参与区级和街道级的市民议事活动机会就很少。区级市民议事活动每一次的主题比较鲜明，基本上可视为是专场如教育专场、卫生专场等，街道级参与人员一般为 2 人，一是街道分管领导，二是具体负责人；街道级市民议事活动，下辖社区参加的人员一般为社区两委负责人之一和宣传委员 2 人。在被访的 80 多名社区居民中，无人参与过区级和街道级市民议事活动，称“我们老百姓哪有机会参加，能去的都是当领导的”。当被问及“制度规定可自愿报名，是否报名参加过”时，被访者都说没有。

从性别比较的视角来看，“以居民为主”＋“户代表”的制度设计，保障了社区级议事活动中女性参与比例与男性大体相当。而在街道和区级的议事活动中，情况就不一样了。由于区级和街道级的市民议事活动的参加代表，相当程度上主要是由街道和社区领导或相关负责人构成。而如表 6-2 所示，在被调查的两个街道中，街道和社区两委的领导干部中，较男性而言，女性比例是偏低的。这就导致在街道和区级这两个较高级别的市民议事活动中，能为女性利益代言和表达社区女性利益诉求的女性代表人数较少。

表 6-2　　两街道及下辖社区女干部情况

	LT 街道（27 个农村社区和 1 个城市社区）	XZ 街道（50 个农村社区和 1 个城市社区）
社区两委干部总数	150	284
社区两委女干部	28（18.7%）	64（22.5%）
社区主职女干部	2（1.3%）（1 名女性是书记主任一肩挑，另 1 名女性是主任）	2（0.7%）（1 名女性是书记主任一肩挑，另 1 名女性是主任）
街道机关干部	196	176
街道机关女干部	82（42%）	60（34%）
街道领导层干部	14	15
街道领导层女干部	2（14.3%）	2（13.3%）

在市民议事活动举办时间安排上，一般安排在周六或周日上午进行，初衷是利用休息时间可为更多人的参与提供机会和便利。但周末时间对大多数女性尤其是上班女性而言，多是陪伴孩子、看望老人、整理家务的时间，并没有充裕的时间去参加议事活动，从而失去从现场感受参政议政的机会。这种制度设计，没有考虑到男女两性的角色分工模式，缺乏应有的性别视角，这与该制度的设计者和执行者有关。

此外，虽然 C 区被访者在座谈和访谈中多次谈到“他们已经淡化了性别角色分工”，但从他们实际的日常分工看，还在一定程度上延续着传统“男外女内”的性别角色分工模式，不同的是两性在角色分工上有了一定程度的互渗。据此，我们认为，所谓的“淡化”实为一种“无意识”，认为既有的模式是一种理所当然和本该如此，这无疑是受传统性别角色分工长期浸染的结果。当C区被调查街道、社区和区级的相关负责人得知我们想了解女性在市民议事活动中的参与情况时，大多数表示“这也是问题吗？跟男性参与有区别吗？有单独了解的必要吗？”当问及“对市民议事活动的参与人员是否分性别进行了统计”时，他们当时面露疑惑和不解，感觉这种想法完全没必要，认为只要统计出人数、记录下问题和建议即可，不必在乎发言人是女性还是男性。显而易见，这种性别无意识影响着该制度在促进女性政治参与方面的效度。

三、女性参与的组织化程度低

列宁说过：“在夺权的斗争中，无产阶级除了组织之外，没有其他武器……唯有通过组织，无产阶级才能成为一支无法征服的力量。”① 从C区农村社区女性政治参与整体状况看，女性仍是弱势群体，关键因素就是她们的组织化程度低，形不成势力集团与主流群体或获益群体进行平等对话。

首先，妇联组织功能弱化与角色错位，未能对女性适度

① 转引自［美］塞缪尔·亨廷顿：《变革社会中的政治秩序》，李盛平等译，华夏出版社1988年版，第443页。

动员，将她们一个个分散的力量凝聚成一致的行为能力，整合成“压力集团”，去争取在资源、机会和利益分配中取得平等的资格。C 区 195 个农村社区虽已完成村改居，但在管理体制上仍与农村相同。同农村地区妇联一样，C 区社区妇联作为基层女性社会组织的标志性团体，承担着女性政治参与的组织保障职能，理应代表基层女性权益与公共权力机构间开展对话与合作，以满足广大基层女性政治参与的需求和利益表达的要求。但实际上，社区妇联作为政府主导下的妇联组织，存在基层社会延伸的公共身份和作为基层女性权益代表的社会化组织的民间草根身份并存的矛盾。这决定了妇联一方面要服从上级公共权威部门的制度性安排，另一方面还要代表基层女性的话语权、满足她们的利益诉求。这种矛盾和尴尬必然导致基层妇联组织一定程度的空置和虚化，而难以真正发挥其应有的作用和功能。①

妇联推动的妇女议事会在一定程度上能够推动妇女参与市民议事会，但在座谈会中，当提及她们“女性议事工作是否能促进女性政治参与”时，也有很多社区妇联主任表示妇女议事会“起不了太大作用，那个范围很小”。而社区两委的男成员多数表示不知道此事，少数表示“好像是有这么回事，听说过”。依据制度设计的初衷，女性议事工作理应是

---

① 参见吉志强：《现代乡村治理视域中的农村政治参与》，《中共山西省委党校学报》2013 年第 3 期。

凝聚女性力量、培养女性骨干、锻炼普通女性的一个平台，但实际效果并非如此。从与C区两街道20多个农村社区妇联主任座谈中可知，她们更关注女性家庭地位和经济地位的提高，而对女性政治参与的重视度不够。我们认为这与两个因素有关：一是因受传统性别文化影响，妇联主任对“女性地位提高”认识上存在偏差；二是当下女性工作的政策导向，使得妇联工作的重心更多地投向了家庭领域。[①] 总之，社区妇联组织功能弱化和角色错位，使女性在社会治理参与过程中缺少组织力量的帮助，其参政议政之路变得更加艰辛。

其次，社区社会组织和民间团体未能赋予女性更多的自组织资源，增强她们自组织的实力和能力，统一女性群体政治参与的意志。从男女两性参与社会组织的比例看，如表6-3和图6-4所示，被调查的533人中，只有四成参与了社会组织。在参与人群中，女性高出男性6.7个百分点，这表明女性加入组织意愿强烈、行为积极。从参与组织的类型看，如表6-4和图6-5所示，女性在加入专业行业组织和民间自

① 如习近平总书记在2013年10月31日同全国妇联新一届领导班子成员谈话时，也突出强调：“要注重发挥妇女在弘扬中华民族家庭美德、树立良好家风方面的独特作用……广大妇女要自觉肩负起尊老爱幼、教育子女的责任，在家庭美德建设中发挥作用。”（参见习近平：《坚持男女平等基本国策　发挥我国妇女伟大作用》，人民网－中国共产党新闻网，2013年11月1日，http://cpc.people.com.cn/n/2013/1101/c64094－23396247.html）

助互助组织两项上略高于男性，但两性之间显著区别却在于“社区管理活动组织（如业主委员会等）”和“社区公益组织（志愿者组织）”两项。一般而言，社会公益组织注重的是奉献和服务，社区管理组织更多是强调参与与管理。

表 6-3　　　　您是否参与了社会组织

			您的性别		合计
			男	女	
您是否参与了社会组织	是	计数	107	106	213
		百分比（%）	36.9	43.6	40.0
	否	计数	183	137	320
		百分比（%）	63.1	56.4	60.0
合计		计数	290	243	533
		百分比（%）	100.0	100.0	100.0

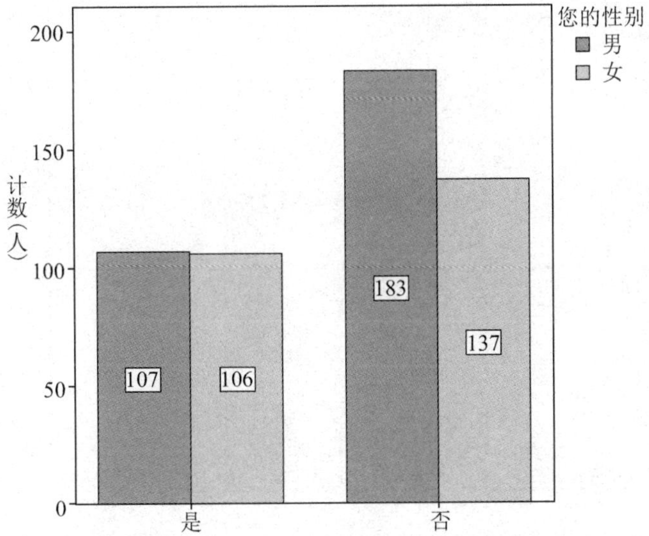

图 6-4　您是否参与了社会组织

表 6-4　　　　　　您参与的组织类型是什么

			您的性别		合计
			男	女	
您参与的组织类型是什么	专业行业组织	计数	2	6	8
		百分比（%）	1.9	6.1	4.0
	社区管理活动组织	计数	70	32	102
		百分比（%）	68.0	32.3	50.5
	社会公益组织	计数	29	59	88
		百分比（%）	28.2	59.6	43.6
	民间自助互助组织	计数	2	2	4
		百分比（%）	1.9	2.0	2.0
合计		计数	103	99	202
		百分比（%）	100.0	100.0	100.0

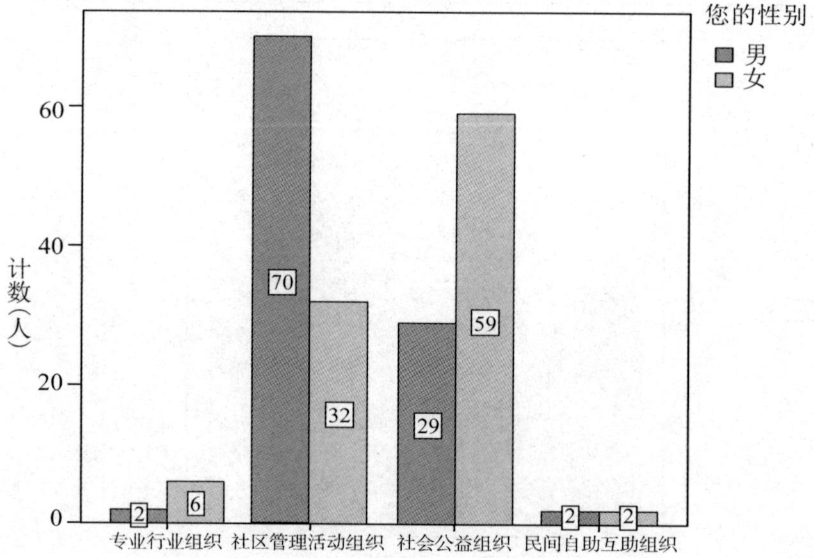

图 6-5　您参与的社会类型是什么

表 6-5　　　　　您参与组织的目的是什么

			您的性别		合计
			男	女	
您参与组织的目的是什么	帮助他人/服务社会	计数	71	65	136
		百分比（%）	65.7	61.3	63.6
	获取更多的信息和资源	计数	21	22	43
		百分比（%）	19.4	20.8	20.1
	满足兴趣爱好	计数	6	4	10
		百分比（%）	5.6	3.8	4.7
	打发时间	计数	1	4	5
		百分比（%）	0.9	3.8	2.3
	扩大社交面	计数	8	10	18
		百分比（%）	7.4	9.4	8.4
	其他	计数	1	1	2
		百分比（%）	0.9	0.9	0.9
合计		计数	108	106	214
		百分比（%）	100.0	100.0	100.0

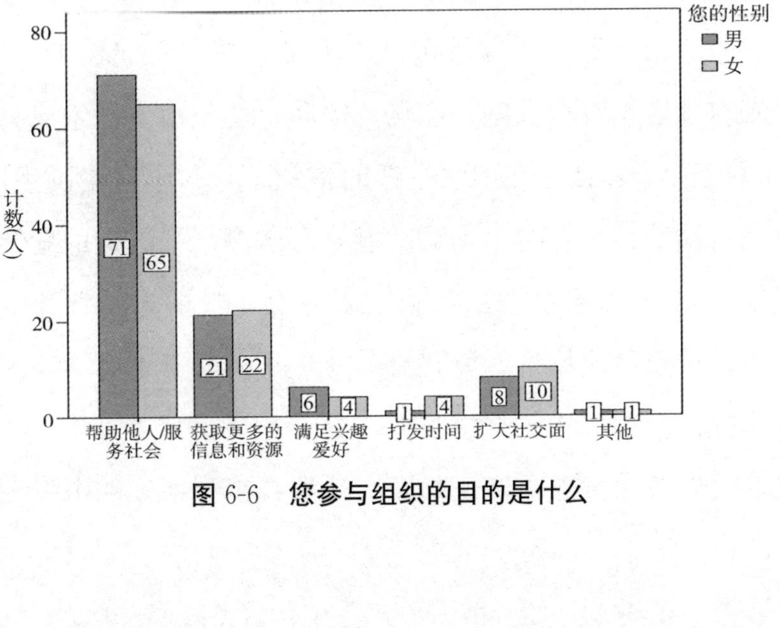

图 6-6　您参与组织的目的是什么

由表6-5和图6-6可知，在参与社会组织的性别比例及参与目的上，男女两性间区别不太明显，但参与的组织类型区别显著。该区别反映出社区男性主要参与政治管理型组织，女性主要参与社会公益型组织，不同类型的组织参与导致的一个直接结果是：男性获取的政治资本远远高于女性，即他们将掌握越来越多相关政治参与的信息、资本，并得到社区事务管理与参政议政方面的锻炼；女性则是更好地发挥了奉献、服务精神，而离政治越来越远。正如在访谈中，一位社区妇联主任所言："女性比男性细心、耐心，在提供社区服务上更有优势。我们社区有一个巾帼巡逻队，全部是女性，做得非常好，都任劳任怨。还有一些文化活动组织也是由女性组成。"

在C区，农村社区女性在妇联的指导下，组成巾帼志愿者、巾帼服务队等，在社区文化建设、养老托幼、医疗卫生、服务供给等多个领域贡献着力量。在文化建设上，195个农村社区均有秧歌队、广场舞团队，均是由女性组成。如LT街道XHL社区在妇联主任的带领下，为丰富居民生活，自编自演节目，有时一场活动能号召起多个社区内的女性组织，达2000多名女性。在社区服务上，巾帼志愿者为空巢老人、单亲贫困母亲、留守流动儿童、外来务工女性等困难群体提供多种形式的帮扶服务，打造出"四点半学校""维权热线"等一批深受群众欢迎、让群众得到帮助的巾帼志愿服务品牌。

四、女性自身素质能力的局限

研究女性政治参与的制约因素绕不开女性自身素质方面，本书也是如此。经调查发现，C区女性社会治理参与效果不够理想，也与她们自身素质有直接关系。文化素质偏低制约着女性政治参与水平。列宁曾指出："文盲是处在政治之外的，必须先教他们识字。不识字就不可能有政治，不识字只能有流言蜚语、谎言偏见，而没有政治。"[①] 可以说，公民的政治参与水平与其受教育程度呈相关关系。"受教育程度较高的人，更可能把参与政治看作是公民的责任，而具有这种责任感的公民事实上会更加踊跃地参与。"[②] "受过良好教育的公民因有健全的认知和技巧，学历高的公民政治关心程度也高，这在某种程度上强化着教育与政治参与的关系。"[③]

从表6-6中可知，18岁以上任一年龄段中，女性受教育水平为"初中及以下"的比例均高于男性，18～39岁年龄段高出男性6～10个百分点，而40岁以上年龄段却高出男性20多个百分点，这反映出年龄越大，受"重男轻女、男

---

① ［苏联］列宁：《列宁全集》第42卷，人民出版社1987年版，第200页。

② 参见［美］塞缪尔·亨廷顿、琼·纳尔逊等：《难以抉择：发展中国家的政治参与》，汪晓寿等译，华夏出版社1989年版，第86～87页。

③ 王浦劬：《政治学基础》，北京大学出版社1995年版，第221页。

尊女卑”等传统观念影响越大，在家庭资源有限的情况下，教育机会往往给予男孩，很多女性从小就被剥夺了受教育的权利，这一点与全国情况是一致的。在C区社区议事活动中，参与者年龄偏大，80%以上为40岁以上。这与年轻人工作压力大，更重视经济收入有关。因此，整体而言，社区市民议事活动中男女参与者受教育程度的差异使得女性的文化素质大大低于男性，导致她们对国家大政方针和法律法规的理解不深入透彻，获取关于社区发展和社区治理相关知识方面速度较慢，参与社区事务管理的能力有限。因此，即使女性参与政治，在她身上更多体现的也是缺乏理性的盲从。

另外，受传统性别文化影响，农村社区中40岁以上的男性大都认为同龄女性没文化、素质低，做不了大事。在与社区两委男性干部座谈中，谈及“他们是否支持自己的妻子参加两委竞选”时，他们表示：“支持啊，但是她们也得有那个本事啊!”这正如波伏娃在《第二性》中所提及的，“人们将女人关闭在厨房里或者闺房内，却惊奇于她们的视野有限；人们折断了她的翅膀，却哀叹她不会飞翔”[①]。在现实生活中，男性的这种认知与态度极大地阻碍着女性政治参与的程度。

---

① ［法］西蒙娜·波伏娃：《第二性》（第2部），郑克鲁译，上海译文出版社2011年版，第449页。

表 6-6　　　　受访者受教育情况

				您的性别		合计
				男	女	
18～29 岁	您的受教育水平	初中及以下	计数	4	8	12
			百分比（%）	12.1	22.9	17.6
		高中（含中专）	计数	10	7	17
			百分比（%）	30.3	20.0	25.0
		大专或本科	计数	19	20	39
			百分比（%）	57.6	57.1	57.4
	合计		计数	33	35	68
			百分比（%）	100.0	100.0	100.0
30～39 岁	您的受教育水平	初中及以下	计数	12	16	28
			百分比（%）	17.6	23.5	20.6
		高中（含中专）	计数	33	34	67
			百分比（%）	48.5	50.0	49.3
		大专或本科	计数	23	17	40
			百分比（%）	33.8	25.0	29.4
		研究生及以上	计数	0	1	1
			百分比（%）	0.0	1.5	0.7
	合计		计数	68	68	136
			百分比（%）	100.0	100.0	100.0

续表

				您的性别		合计
				男	女	
40～49岁	您的受教育水平	初中及以下	计数	44	53	97
			百分比（%）	47.8	73.6	59.1
		高中（含中专）	计数	40	14	54
			百分比（%）	43.5	19.4	32.9
		大专或本科	计数	7	4	11
			百分比（%）	7.6	5.6	6.7
		研究生及以上	计数	1	1	2
			百分比（%）	1.1	1.4	1.2
	合计		计数	92	72	164
			百分比（%）	100.0	100.0	100.0
50岁以上	您的受教育水平	初中及以下	计数	69	62	131
			百分比（%）	71.9	91.2	79.9
		高中（含中专）	计数	22	4	26
			百分比（%）	22.9	5.9	15.9
		大专或本科	计数	3	1	4
			百分比（%）	3.1	1.5	2.4
		研究生及以上	计数	2	1	3
			百分比（%）	2.1	1.5	1.8
	合计		计数	96	68	164
			百分比（%）	100.0	100.0	100.0

心理素质较差是女性政治参与的重要障碍。农村社区40岁以上的女性在男权思想长期影响和压抑下，自卑、软

弱、盲从、怯懦等性别缺陷比较明显，反映在社会治理参与上，易产生弱势心理与依附心理，自卑感强、自信心不足，这些无疑都会制约她们自我才能的发挥。一般而言，她们不善于也不好意思在公共空间展示自己的才能，不敢也不愿向男性主导的公权力领域发起挑战，对侵犯自身权益的行为多是采取隐忍态度。大多数女性仍视政治和公共事务的管理权为男性的专属品，家庭才是女性的势力范围，对社区事务的管理和决策缺乏兴趣，认为“事不关己”，对社区治理存有明显的“逃避心理”。社区市民议事活动中女性参与比例的高低受制于男性的参与意愿，就是这一心理的外在表现。

第七章 新时代推动女性参与基层社会治理的对策建议

为了回应新时代的社会需要，解决社会的新矛盾，十九大报告在加强和创新社会治理领域，提出了要建立共建共治共享的社会治理格局。基层社会治理为包括女性在内的公民有序和有效表达诉求提供了制度化渠道。为使女性能够更好地利用这一渠道表达诉求，提升其参与的效果，必须消除她们社会治理参与的各种制约因素，而这需从构建先进性别文化、增进治理参与制度的性别敏感性、提高女性治理参与的组织化程度、加强女性治理参与能力建设等多个方面着手。

第一节 构建性别平等先进性别文化

“男尊女卑、男强女弱”的传统性别文化，“男外女内”的性别角色分工仍是制约女性参与政治生活的重要因素，如要改善女性基层社会治理参与的文化环境，消除社会对女性的偏见，必须构建以性别平等为核心的先进性别文化。

首先，认识女性的特殊价值。传统性别文化最大的问题是男女性别关系地位的不平等，而造成这一问题的思想根源则是对女性价值的忽略或轻视。社会发展至今，女性有别于男性的特殊价值日益凸显，如女性感情细腻、沟通能力强，女性亲和力强、甘于奉献、易于为他人服务，女性自卑谦和、善于向男性学习，女性重视伦理关怀、能较多照顾到弱势群体的利益等。[①] 这些价值在很大程度上被当下仍存的不平等性别文化掩盖或抹杀了。我们应丢掉传统性别文化观念的有色眼镜，正视和珍视女性群体的特殊价值，客观评价女性在社会发展过程中的作用，为男女平等基本国策的宣传和落实、先进性别文化的构建扫除思想障碍。

其次，多形式开展普法宣传。充分利用广播、电视、报纸、网络、电子屏幕等多种载体、多种形式，大力宣传男女平等基本国策，宣传相关法律法规中对女性政治参与权利的明确规定，提高社会对女性政治参与相关政策的认知度，让人们认识到参与政治生活是女性一项不可剥夺的权利。逐步消除男性对女性的歧视和偏见，改变长期以来形成的男强女弱、男外女内的性别刻板印象。增强女性政治参与的信心，

---

① 参见卓惠萍：《论政府对农村性别文化的型塑与重构》，山东大学出版社 2017 年版，第 167～171 页。

逐渐克服自卑、盲从、依赖等性格缺陷，勇敢、自觉、主动地参与到政治生活中去。

再次，宣传各类女性典型。典型人物具有极强的示范、辐射和带动效应，身边的榜样根据感染力和说服力，发掘当地的一些女性典型，树立一批事迹突出、群众公认的农村社区女党支部书记、女居委会主任等女干部典型以及树立一批特色鲜明、时代感强的致富女能手、女企业家等典型，大力宣传她们在经济发展、政治进步中发挥的积极作用，宣传她们在改善民生、维护稳定中的重要贡献，展示女性巾帼不让须眉的气概和形象，激发更多的女性政治参与的热情，赢得社会广泛认可和支持。

最后，构建性别友好型家庭文化。在基层社会治理参与中，家人的漠视或反对、繁重的家务劳动都会成为女性政治参与的羁绊。正如恩格斯所言："只要妇女仍然被排除于社会的生产劳动之外而只限于从事家庭的私人劳动，那么妇女的解放，妇女同男子的平等，现在和将来都是不可能的。妇女的解放，只有在妇女大量地、社会规模地参加生产，而家务劳动只占她们极少的功夫的时候，才有可能。"① 因此，通过公共政策、家风家训建设等多途径构建性别友好型家庭文

---

① ［德］恩格斯：《家庭、私有制和国家的起源》，中共中央马克思、恩格斯、列宁、斯大林著作编译局译，人民出版社 1972 年版，第 28 页。

化，让妇女在走向社会、行使自身合法权利的同时，男性也应承担起部分家务劳动，破除“家务事是女人的事”的观念，支持家庭女性成员更好地参与基层公共事务管理。

第二节 增进参与制度的性别敏感性

制度带有根本性、全局性、稳定性和长期性。因男女两性在角色分工、行为模式等方面存在差异，故以社会性别理论为指导健全政治参与制度，是破解女性基层社会治理参与困境的根本保障。

首先，将社会性别意识纳入决策主流。社会性别是国际上分析男女平等的重要概念，它指出在一个特定社会中，不是因生理因素而是由社会因素形成的男性和女性的群体特征、行为方式、思维模式等方面的差异。正是这种差异的存在，使得同样的制度和政策对于男女两性产生不同的影响。由此，以男性为主导的制度安排、政策制定，往往会因忽视这种差异而限制了女性的生存和发展空间。1995 年，联合国第四次世界妇女大会上通过的《行动纲领》中，提出了性别意识主流化战略，它要求任何领域各个层面上的任何一个计划行动，包括立法、政策或项目计划都要对性别影响进行分析，以此来消除性别意识的偏见和性别歧视现象。因此，决策者应当从性别平等角度出发，充分了解政策或制度对两性产生的不同影响，主动调节男女两性之间的差距，使制度安排和公共政策向女性倾斜，保护女性合法权益，提高女性的社会地位，促进两性在政治参与和社会进步的协调发展。同时，要积极发挥山东省地方政策法规性别平等咨询评估机制的作用，力争在制度、政策顶层设计和实施的全过程充分体现性别平等，切实维护好女性权益，发挥好女性作用。

其次，将社会性别意识纳入市民议事活动的制度安排。市民议事活动作为基层社会治理参与的一种有益探索，使治理参与由精英女性扩展到普通女性，给女性民主参与带来了更多机遇和发展空间，但既有的以男性主导的制度设计缺乏性别敏感，女性权益被忽略或漠视，因此，应从以下四个方面进行修订：第一，应基于男女两性的角色分工、行为方式等存在差异的认识，以性别视角对其加以审视，在制度设计的每个环节、每个细节都充分考虑女性权益是否得到了维护，如开会通知方式、开会时间与地点的安排、议题选择等，以最大限度保障女性政治参与权得以实现。第二，以宪法与相关法律为基础，从制度设计层面硬性规定市民议事活动参与者的性别比例，这种比例配额制是国际社会保障女性政治参与最有效的手段和方式，如每场市民议事活动的参与者中女性不少于40%，然后逐步提高，实现女性政治参与从动员式参与到习惯性参与、从精英参与到大众参与的转变。第三，做好性别统计工作。由专人对每场市民议事活动参与者进行性别统计，还要对活动过程中发言者及进行性别统计，并记录好发言内容。第四，鼓励女性行使自己的话语权。对于在议事活动上发表意见的女性，社区两委、妇联可公开对其进行表扬，给予一定的奖励，如果其意见被采纳，则应给予更多奖励，且把她们的建议、提议做好整理存档，以此来激励更多的女性参与市民议事活动，且在大会上积极发言，表达意愿，从而提升女性的参与意识。

再次，将女性议事活动执行到位。女性议事活动是区妇联为提升女性参政议政能力而进行的专项活动，形式灵活多样，突破了以往以会议事的惯例，充分适应了女性特点，以增强女性参政议政的积极性和主动性。为改变女性议事活动实际执行不到位、不能起到应有作用的现状，各社区妇联主任应以身作则，充分利用社区中心舞蹈室、棋牌室、茶室等场所，采用边娱乐休闲边聊天的形式，调动女性议论公共事务中存在的问题，商讨对策建议。另外，还要积极利用现代科技，创办微信议事、APP 议事等一些更受女性居民喜欢和乐于接受的工作方式。

第三节　提高女性参与的组织化程度

亨廷顿等认为："如果人们加入某个组织并在其中积极活动，那么他们参与政治的可能性就会大得多。"[①] 这也同

① ［美］塞缪尔·亨廷顿、琼·纳尔逊：《难以抉择：发展中国家的政治参与》，汪晓寿等译，华夏出版社 1989 年版，第 91 页。

样适用于社会治理领域。公民在参与社会治理的过程中，需要从属或依附于一定的社会组织，来提升自己的人力资本。因此，为提高女性社会治理参与的水平，需进一步强化社区妇联组织功能，创新其选举制度与工作方式，同时要大力发展各类女性组织，提高女性社会治理参与的组织化程度。

首先，强化各级妇联凝聚女性的组织功能。一要利用好基层妇联选举锻炼妇女。要利用基层妇联换届选举的机会，充分调动女性的参与热情，展示女性骨干的风采，锻炼普通女性政治参与的能力，为推动女性在市民议事活动中取得更好的成效创造条件。二要增强社区妇联的凝聚力。妇联要发挥组织凝集女性的作用，扩大在群众中的影响，必须建立影响广、有实效的活动载体，开展各具特色又与女性生活密切相关的活动，维护好女性合法权益，真正发挥出“贴心娘家”的作用，将广大女性组织和凝聚起来。三是妇联要创新工作方式，以女性喜闻乐见、易于接受的形式开展工作。四是妇联要承担起培养社区女干部的责任，有重点地培训女性骨干、女性精英相关演讲、竞选、协调、沟通等社会治理参与方面的技能和技巧，推动她们积极参与社会治理并以其为中心，成立女性活动小组，锻炼她们政治参与、社会治理、服务社区等各方面的能力，为以后选拔社区女干部后备力量与女性带头人等人才打下坚实的基础。

其次，提高女性社会治理参与的组织化程度。C区农村社区中有多类女性组织，要逐步探索借助不同的渠道和平台，发挥各类女性组织提升女性社会治理参与水平的作用。如文体类女性组织，可以组织女性居民排演关于女性有序参与社会治理的小品或话剧，举办关于女性居民参选参政、参与社会治理的歌唱比赛等活动，使广大女性能够切身参与其中，以文娱的方式唤醒更多女性的社会治理参与意识，激发她们的社会治理参与热情，使得她们在市民议事活动中发挥应有的作用。各类互助、慈善、公益性质的女性组织，可通过开展结对帮扶、捐款捐物、爱心奉献、无偿服务等活动，在倡导、实践良好家风家训以及社会风尚过程中，以奉献和服务的方式提升女性组织的自组织能力。要不断强化各类女性组织的服务功能，努力拓展新的服务项目，丰富服务内容，扩大服务的覆盖面与受益面，增强社区女性对组织的归属感。注重吸收在居民中有威信、有特长、有热情且愿意为女性组织服务的女性骨干或积极分子加入女性组织，在组织女性、服务女性的过程中，锻炼其才干，提高其能力。

总之，各类女性组织作为女性居民议政、论事的载体，她们在其中会不断积累如信任、支持、政治信息等社会资本，而这些资本“使得公民有合作、信任、理解和彼此产生共鸣的倾向，互相以公民而不是陌生人、竞争者或潜在的敌人来对待。社会资本组成了一种力量，这种力量能提高社会的凝聚力，把人们从缺少社会道德心或共同责任感的利己主义者和以自我为中心的算计者转变为利益共享、责任共担和有社会公益感的社会成员”①。随着女性居民在各类女性组织中获得社会资本的增多，她们参与社会治理的意识、能力等将会大幅度提高，社会治理参与水平也必将得以提升。

第四节　加大女性参与能力建设力度

提升女性基层社会治理参与的程度，关键要破解她们自身素质方面的局限。相当一部分女性有政治参与的意愿和热情，但因能力不足而使其失去参与机会或参与效果不理想，效能感差。因此，政府、社会、社区等应多方联动，共同努力，加强女性基层社会治理参与能力建设。

首先，提升女性的政治文化素质，促进女性社会治理中的政治参与。已有研究表明，一个人受教育程度的高低直接影响着他的政治态度和政治行为，受教育程度高的人一般会比受教育程度低的人更多地介入政治，因为他们对政治信息和政治符号有更为清楚、深刻的理解，故而有较强的政治效能感和政治责任心。另外，受教育程度的高低还会影响到人们参与政治的方式。一般说来，文化程度高的人在参与政治

① ［英］肯尼斯·纽顿、杨松：《社会资本与民主》，《马克思主义与现实》2000年第2期。

时会更多的凭理性行事而不是凭感情行事，因而在对参与方式的选择上会注意合法性和有效性，而文化程度低的人则相反。[①] 由此可以看出，一个人的文化素质与其政治参与的态度与方式之间存在着正相关关系。调查发现，在C区农村社区中，18～40岁年龄段的女性受教育的程度与男性差别不大，如表6-6所示，18～29岁年龄段的居民中，学历为高中（含中专）以上者，女性占比77.1%，男性占比87.9%；30～39岁年龄段的居民中，学历为高中（含中专）以上者，女性占比76.5%，男性占比82.3%。而40岁以上的居民中，高中（含中专）以上学历者，男性比女性高出20多个百分点，男性受教育程度明显高于女性，而这一年龄段的群体正是市民议事活动参与者的主力，因此，提升40岁以上女性的文化素质成为关键。

对此，一要利用远程教育、职业教育等途径，大力推广继续教育，增加或延长成年女性受教育年限，不断提高农村社区女性文化素质。二要政府、社区两委、妇联等要有意识地引导女性居民加强政治方面的学习，通过各种渠道采取专题辅导、座谈交流等多种培训学习形式，组织广大女性居民学习党和国家的路线、方针、政策及相关的法律法规，学习和理解马克思主义女性观，并有重点地培养女性社会治理参

① 参见陶东明、陈明明：《当代中国政治参与》，浙江人民出版社1998年版，第149页。

与的技能技巧，鼓励女性敢说、能说、会说，增强她们治理意识和治理热情，丰富其闲暇生活，努力提高社区女性社会治理、参政议政的能力。

其次，提升女性的心理素质，促进女性社会治理参与。女性心理素质的强弱，不仅关系到女性的身心健康，而且对于她们的社会治理参与、成功成才也有重要影响。女性在传统性别文化中形成的自卑、懦弱、依附等一系列性格缺陷，是提升女性心理素质的重要障碍，因此，提升女性心理素质，重点是加强性别教育，改变传统性别角色观念，打破男女刻板印象。注重发挥家庭教育的基础作用，从小培养和锻炼女童的自尊心与自信心。充分发挥学校教育的主渠道作用，向女生灌输自尊、自信、自立、自强的观念，多形式、多维度地培养她们健全的人格。重视发挥大众传媒的宣传作用，杜绝贬低、歧视女性的内容，积极展示女性积极向上、奋发有为的正面形象。通过种种举措，让女性能够正确认识自身价值，意识到女性参与社会治理不仅是时代需要，更是自身发展的需求，让她们在各类治理活动中能够变被动接受为主动参与，提高她们社会治理参与的自觉性和主动性，在推进参与式治理和基层民主建设中发挥应有的独特作用。

第八章　小　结

1949年，法国著名的女权主义作家西蒙娜·波伏娃在《第二性》中提出“女人不是天生的，而是后天形成的”[①]，该论断明确揭示了女性作为一种“社会性别”，不是由自然的生理差异决定的，而是由特定的社会文化建构的，它被称为女性的“精神断奶”，而且标志着一种历史的转折，即在此之前，女性是按照男性的标准来评判自己的价值，而在此之后，女性是从自己的价值窗口去洞察自身和整个世界。其实，从波伏娃的著名论断还可以有另外的一重涵义，即女人是可以自我塑造的，但需要注意的是，女人自我塑造的前提应是正视男女两性“生理差异”，而不是否认它。前述的两种解释看似分歧，实则为殊途同归，都是在敦促女性自我意识、主体意识的觉醒。

---

① ［法］西蒙娜·波伏娃：《第二性》（第2部），郑克鲁译，上海译文出版社2011年版，第9页。

女性主体意识是女性作为主体对自己在客观世界中的地位、作用和价值的自觉意识。人的主体意识是其能动性、自主性的基础，是创造性的来源，一个人只有确立了主体意识，才能充分发挥主体作用，激发自身的内在潜能。女性主体意识的确认，要基于清醒的自我认识，而清醒的自我认识涉及两个先验性前提：一是自然之在，即女性的身体。身体是思想的载体之一，女性的自我认识一定是从认识自己的身体开始的。女性走向女人，认识自我，首先要善待自己的身体，在精神上与自然和解，在世代的变迁中不断寻找与自然和谐相处的正当方式。二是历史之在，即女人的历史。女人不在史册却又无所不在，她的历史足迹隐身在日常生活的点点滴滴中，体现在恋爱、婚姻、性关系……人间事务的方方面面，于无声处藏身隐迹，却总在最关键的时刻跳出来，执拗地影响甚至左右女性的人生道路。① 自然和历史犹如人之根性，无论什么时代，都要从这里出发认识自己，唯有如此我们才有可能自主而自信地把握自己的命运。

几千年来，妇女长期处于从属的和客体的地位，没有社会地位，一直是被排除在权力结构和主流话语之外。几千年男尊女卑的传统观念使大部分女性妄自菲薄，形成了依附、

① 参见李小江：《女性乌托邦》，社会科学文献出版社 2016 年版，第 9 页。

顺从的性格，没有形成主体意识，无法正确认识自身的生命存在与精神需求。正如波伏娃所分析的那样："在女人身上，一开始就在她的自主生存和她的'他者生存'之间有着冲突；人们向她灌输，为了讨人喜欢，就必须竭力令人喜欢，必须成为客体；因此，她应该放弃她的自主……因为她越是少运用自由去理解、把握和发现周围的世界，她就越是在世界上找不到资源，她就越不敢确认自己是主体。"①

要改变这种状况，必须唤醒女性作为人的自我主体意识，建立她们作为人的主体性地位，而这正是妇女解放的关键所在。历史上的妇女解放运动，西方女权主义功不可没，由其发起的三次女权主义思潮，都与对女性自身角色的反思与突破紧密联系。不同于西方由女性作为主体拉开妇女解放道路的模式，我国的妇女解放与中国社会发展有着密不可分的因果关系。民族解放问题先于妇女问题出现导致民族意识高于女性意识，妇女借助社会革命之力在短时间内获得了长足发展，即社会主义为妇女解放提供了合法的意识形态基础，免去了女性个体的孤军奋战；政府通过政治运动和行政手段强化了女性的社会意识，迅速缩小了两性差距，使得知

---

① ［法］西蒙娜·波伏娃：《第二性》（第2部），郑克鲁译，上海译文出版社2011年版，第23页。

识女性有可能与妇女群体保持距离而超前发展。但是，这也从另一个方面助长了女性对民族/国家/社会的信赖乃至依赖，它极大地制约着女性的自主能力和女性群体的成长空间。另外，不同于西方女权运动追求以立法的形式实现男女平等，在新中国成立后，立法先行，制定了较为完备的保护妇女权益、维护男女平等的法律制度。

但遗憾的是，它们难以落实到整个社会层面，使得任何貌似“平等”的立法在实施中都会打折扣。在日常生活中，我们经常会观察到一种现象，即如果我们把体现男女平等的“妇女能顶半边天”和“时代不同了，男女都一样”作为理论、思想、精神推延到劳动场域之外的别的场域，如政治、文化、金融、教育及执政机关和机构——除了劳动力所需要的任何一个场域里，就会发现，女性在其中并没有真正的自由和平等，没有真正尊重女性的权利与人格，而且在劳动场域外的任何场域里，那些男权世界的中心地，依然是“女人嘛，呵呵”的暧昧和固有。[①] 这也是长期以来西方女权主义在我国社会乃至在妇女中间缺乏成长发展空间的一个重要因素。因此，我国的女性群体要发展，亟须在利用好政府各项扶助举措的前提下，依靠每个女性个体的努力，认识自我，

---

① 参见阎连科：《她们》，河南文艺出版社 2020 年版，第 212 页。

唤醒主体意识，向女人更近一步。

当历史的车轮驶入现代，社会主义的国家制度和意识形态为女性发展和女性参与公共事务提供了契机。1949 年以来，我国已经形成了以《中华人民共和国宪法》为依据，以《中华人民共和国妇女权益保障法》为主体，包括《中华人民共和国劳动法》《女职工劳动保护规定》《家庭暴力法》等法律法规在内的保障妇女权利、促进男女平等的法律体系。2015 年 9 月 27 日，习近平总书记在全球妇女峰会上提出妇女发展的“四点主张”，要求“推动妇女和经济社会同步发展；积极保障妇女权益；努力构建和谐包容的社会文化；创造有利于妇女发展的国际环境”，意图在中国人民追求美好生活的过程中，每一位妇女都有人生出彩和梦想成真的机会。2018 年 11 月 2 日，习近平在同全国妇联新一届领导班子成员集体谈话时强调，“发挥妇女在社会生活和家庭生活中的独特作用……要注重家庭、注重家教、注重家风，认真研究家庭领域出现的新情况新问题，把推进家庭工作作为一项长期任务抓实抓好”。这里，不管是对美好生活的追求、人生出彩、梦想成真，还是在社会生活和家庭生活中发挥独特作用，都需要女性立足于自我意识，探索自己与周围环境的关系，思考存在的本质和人生价值，并在此基础上对自己的命运和人生进行理性判断和把握，掌控自己的命运，而不是听凭男性的命令。如此，女性才能成为一个与男性平等的生命个体，对世界有自己的认知和判断，并能勇于展现自己，追寻自己独立的人格，成为完整的社会存在。①

近年来，社会领域的改革，社会治理理念的确立，政府推动建立社区、社会组织、社会工作者“三社”联动机制，都意味着女性可以发挥性别优势，可以成为社区、社会组织从业人员，可以成为社会工作者，女性发挥作用的空间将会进一步扩大，参与基层社会治理的机会增多。同时，依托信息技术的进步，社会治理手段和方式不断创新，社会治理参与渠道不断拓展，也使女性拥有更多参与机会成为可能。在不断参与的过程中，女性才能更为直接和正面地寻找自己的身份、寻找自我生命价值的问题。只有这样，女性才能学会一种“精神上的母系制”，一种新的价值观，一种新的观察方式和思维方式，一种贴近大地、贴近日常生活细节的能力，一种真实地理解、感知事物的能力。②

市民议事会只是女性参与基层社会治理的一个窗口，通

---

① 参见杨永忠、周庆：《论女性主体意识》，《中华女子学院山东分院学报》2010年第4期。

② 参见杨永忠、周庆：《论女性主体意识》，《中华女子学院山东分院学报》2010年第4期。

过这个窗口，可以让女性体会如何才能更好地处理社会与家庭、男性与女性、自我与他者等方面的关系问题，思考如何才能更好地表达自身诉求、准确定位自我，树立主体意识，从而激活女性的权利意识、自主意识、性别意识，让女性活出自我，活得精彩，从而为完善基层社会治理、推动经济社会发展做出更大的贡献。

附录一　个案：区市民议事会议事章程

青岛市C区人民政府关于开展区、街道、社区三级市民议事活动的意见

为进一步推进全区民主政治建设，深化政务、居务公开，提升服务水平，营造公开、公平、公正的施政环境，实现政府依法行政与市民积极参政议政的有机结合，以市民关注的热点、难点和焦点问题为切入点，通过实行问政于民的议事制度，提高市民参政议政热情，凝聚政府施政合力，扩大政务公开度和惠民政策的知晓度，打造各级干部与群众面对面沟通，心连心交流的平台，充分吸收群众对于本辖区内重大经济社会事务的意见建议。经研究决定，在区、街道、社区三个层面实施市民议事制度。

一、议事内容

（一）区级市民议事活动内容

1. 经济社会发展规划、产业结构调整规划；

2. 城市规划建设、功能布局或城市总体规划；

3. 社会及城市事务管理有关政策、规定的制定、实施；

4. 重要民生工程的实施及惠民政策的制定、落实；

5. 对当地群众影响较大的区域规划与建设；

6. 对群众生产生活影响较大的事项；

7. 认为需要与群众进行沟通交流的其他事项。

（二）街道级市民议事活动内容

1. 涉及本街道范围内的经济社会发展规划；

2. 本街道城镇规划建设或本街道城市分区规划；

3. 本街道产业结构调整规划；

4. 本街道重要民生工程的实施及惠民政策的制定、落实；

5. 本街道社会及城市事务管理有关政策、规定的制定、实施；

6. 涉及多个社区的区域范围内的规划、建设；

7. 其他涉及范围广、群众影响大的事项；

8. 认为需要与群众进行沟通交流的其他事项。

（三）社区级市民议事活动内容

《C区社区事务民主决策暂行办法》规定的事项均需列入市民议事内容，在此基础上，根据社区实际确定议事内容。

1. 社区发展规划、年度工作计划、年度财务预决算；

2. 社区自治章程和社区居民公约的修订；

3. 社区经济合同的签订、变更和解除；

4. 集体资产举债、改制、对外投资及大额集体资产的购置、出让、发包、租赁、抵押等，具体数额由各街道根据实际确定；

5. 社区土地的承包、调整；

6. 社区建设项目及公益事业的确定；

7. 社区旧村改造、解困房建设方案、社区建设项目招标及其需由社区居民决定的相关事项；

8. 社区民主理财小组、居务公开监督小组、财会人员推选、任免；

9. 社区工作人员的聘用及待遇；

10. 社区居民福利政策的制定与实施；

11. 社区物业管理、收费标准；

12. 社区落实各级政府的惠民政策情况及措施；

13. 涉及社区发展及社区居民切身利益的其他事项。

二、组织程序

（一）区级市民议事活动

1. 确定议事事项。区市民议事活动领导小组作为区级市民议事活动的领导机构，负责组织成员单位确定议事事项、年度计划及责任单位。

2. 议题事项公开。议题责任单位通过有效途径，广泛公开议事内容、时间、地点、参与方式等。

3. 与会人员组成。参与区级议事活动的市民代表应由各级党代表、人大代表、政协委员及其他市民代表组成，市民也可自愿报名参加，人数以50人至100人为宜。

4. 会前准备事项。由责任单位发放入会通知和会议须知，并组织参与议事人员与会。

5. 开展座谈交流。议事会议由责任单位主要负责人主持。参加议事人员根据要求准时与会，并按序进行座谈发言。区政府主要领导、议题事项分管区领导、责任单位领导班子全体成员及有关部门主要负责人参与议事会议，倾听群众意见和建议，与群众进行沟通交流。

6. 梳理反馈结果。由责任单位对与会人员提出的意见和建议，形成议事纪要，组织有关人员认真进行分析研究，为科学、民主决策提供依据，将有关情况及时反馈与会市民，并于活动结束后10个工作日内向领导小组办公室报活动总结。

（二）街道级市民议事活动

1. 确定议事事项。由各街道办事处根据本辖区实际情况自行确定议题，议题确定后，由街道负责向联系街道的区领导汇报议题内容。

2. 议题事项公开。各街道办事处通过街道及社区公开栏张贴公告等多种形式，公开议事内容、时间、地点、参与方式等。

3. 市民代表组成。参与议事活动的市民代表应由辖区内各级党代表、人大代表、政协委员及其他市民代表组成，市民也可自愿报名参加，人数以 30 人至 60 人为宜。

4. 会前准备事项。由街道办事处发放入会通知和会议须知，并组织参与议事人员与会。

5. 开展座谈交流。议事会由街道办事处主要负责人主持。参加议事人员根据要求准时与会，并按序进行座谈发言。联系街道区领导、街道主要领导、分管领导及有关部门负责人参与议事会议，倾听群众意见和建议，与群众进行沟通交流。

6. 梳理反馈结果。街道对与会人员提出的意见和建议，要形成议事纪要，组织有关人员认真进行分析研究，为科学、民主决策提供依据，并将有关情况及时报送联系街道的区领导和反馈与会市民。

（三）社区级市民议事活动

1. 确定议事事项。由社区“两委”根据社区实际确定议题，议题确定后，由社区负责向街道包片领导汇报议题内容。

2. 议题事项公开。各社区通过明白纸、居务公开栏张贴公告等多种形式，公开议事内容、时间、地点等，以便社区居民充分知情、讨论。

3. 与会代表组成。参与议事活动的人员由社区老干部、党员、协商议事会成员、居民代表及驻社区企业、外来人员等其他代表组成，社区居民也可自愿报名参加。

4. 开展座谈交流。议事会由社区居委会主任主持。对于议事议题与会人员应当充分讨论并发表意见。街道包片领导、包社区机关干部、社区“两委”成员参与议事会议，倾听群众意见和建议，与群众进行沟通交流，对议题事项进行可行性研究。

5. 梳理反馈结果。社区对与会人员提出的意见和建议，要形成议事纪要，社区“两委”会认真进行分析研究，为科学、民主决策提供依据，并将有关情况及时报送街道包片领导和反馈与会市民。

三、参与人员

（一）区级市民议事活动

1. 区政府主要领导、议题事项分管区领导、组织单位领导班子全体成员、议题相关部门主要负责人；

2. 住区各级党代表、人大代表、政协委员代表；

3. 社区党组织书记、居委会主任代表；

4. 有参与意愿的本区居民代表；

5. 新市民代表；

6. 组织单位认为有必要参加的其他人员。

（二）街道级市民议事活动

1. 联系街道区领导、街道主要领导、议题事项分管领导、相关部门主要负责人等；

2. 驻街道各级党代表、人大代表、政协委员代表；

3. 社区党组织书记、居委会主任代表；

4. 有参与意愿的本街道居民代表；

5. 新市民代表；

6. 街道认为有必要参加的其他人员。

（三）社区级市民议事活动

1. 街道包片领导、包社区机关干部、社区“两委”全体成员；

2. 社区协商议事会成员；

3. 社区老干部、党员、居民代表、有参与意愿的其他社区居民；

4. 驻社区单位、企业负责人、外来人员代表；

5. 社区“两委”认为有必要参加的其他人员。

（四）除第 1 项外，其他具体参与人员、人数由组织单位根据议事事项确定适当比例

四、实施要求

（一）计划确定

区级市民议事活动分专题进行，每季度组织一次。每年 1 月上旬，各成员单位根据各自工作实际，确定本单位本年度议事议题，经区政府分管领导同意后，报领导小组办公室汇总并拟定出年度议事计划，研究确定后，发至各部门按计划开展市民议事活动（2012 年的议事活动由领导小组办公

室直接拟定各单位活动安排时间，具体议题由各单位自行确定）。如果议题有变动或出现需要临时增加的议题，议题提出单位可向区领导小组提出申请，对计划进行调整或临时增加议事活动。

（二）活动组织

议题提报单位作为责任单位，负责组织实施议事活动。责任单位领导班子全体成员参加议事活动，同时邀请区政府主要领导及分管领导、议题涉及的其他单位主要负责同志参加议事活动。

（三）结果汇总

当次活动结束后10个工作日内，牵头单位向领导小组办公室报送活动总结。

（四）活动安排

区级、街道级市民议事活动每季度组织一次，每年不少于4次。12月20日前，各街道办事处将本街道年度市民议事活动总结报区领导小组办公室。社区级市民议事活动根据实际情况随时召开，原则上每年不少于4次。

五、保障措施

1. 各级要成立市民议事活动领导小组，负责指导、组织、协调本辖区的市民议事活动。每年1月底前，区市民议事领导小组根据成员单位职责分工及上报议题，确定区级年度议事计划，并指导实施。各街道根据自身实际确定年度议事计划。

2. 区领导小组办公室负责全区市民议事活动的协调工作，并协助区政府督查室对各成员单位、各街道工作开展情况进行督查落实。

3. 市民议事内容要提前公开，以便与会代表认真研究，发挥民主议事的科学性、民主性、公开性。

4. 各组织单位要根据议事内容的不同，本着扩大民主，利于群众建言献策的原则，制定相应与会须知。

2012 年 3 月 20 日

附录二 调查问卷

关于市民议事活动参与状况的调查

您好!

本问卷主要是想了解市民在市民议事活动中的参与情况，旨在提升市民参政议政的成效，进一步提高政府政策的科学性。问卷数据只做学术研究之用，请放心填答。请在合适的答案上画“√”或在空格内填写答案，除问题后另有说明，每题只有一个答案。

衷心感谢您的配合与支持！

省委党校课题组

1. 您的性别：

①男　　②女

2. 您的年龄：

①18～29 岁　　②30～39 岁

③40～49 岁　　④50 岁以上

3. 您的教育水平：

①初中及以下　　②高中（含中专）

③大专或本科　　④研究生及以上

4. 您的政治面貌：

①中共党员　　②民主党派

③共青团员　　④群众

5. 您目前主要从事的工作：

①公务员　　②国企/事业单位职员

③民营、外资或股份制企业单位职员

④个体经营者　　⑤在读学生

⑥没有固定职业　　⑦已退休

⑧其他

6. 您的月收入为：

①1500 元及以下　　②1500～3000 元

③3000～5000 元　　④5000 元以上

7. 您的婚姻状况：

①未婚　②已婚　③离异　④丧偶

8. 您有几个孩子？

①2 个及以上　②1 个　③已孕　④无

9. 您家的家务如何分配？

①几乎完全由妻子承担　②夫妻双方共同承担

③父母或孩子帮忙承担　④由家政人员帮忙承担

10. 您是否参与了社会组织？

①是　②否

11. 您参与的组织类型：

①专业行业组织　②社区管理活动组织

③联谊组织　④社会公益组织

⑤民间自助互助组织

12. 您参与组织的目的：

①帮助他人/服务社会　②获取更多的信息和资源

③满足兴趣爱好　④打发时间

⑤扩大社交面　⑥满足好奇

⑦其他

13. 您知道市民议事活动吗？

①很了解　②了解一些

③听说过，但不太清楚　④不知道

14. 您认为女性有必要参与市民议事活动吗?

①非常必要　　②比较必要

③一般　　④不太必要

⑤不必要

15. 您愿意参加市民议事活动吗?

①非常愿意　　②比较愿意

③愿意　　④不太愿意

⑤不愿意

16. 您参与过市民议事活动吗?

①从没参加过　　②参加过

17. 您没有参加过市民议事活动的原因:

①要花时间和精力

②参与流于形式，无实际意义

③不想出风头

④这是当“官”人的事

⑤自己提不出有价值的建议

⑥参加也行，但没人让我参加

⑦其他

18. 您第一次参加市民议事活动的情况?

①自己主动去的　　②被社区组织去的

③被周围人动员去的　　④偶然碰到的

⑤其他____________

19. 您一般通过什么方式获得市民议事活动相关信息?

①红头文件 ②公开栏

③明白纸 ④电视

⑤网络 ⑥邻里亲朋

⑦其他

20. 您的家人支持您参加市民议事活动吗?

①非常支持 ②不太支持

③不干涉 ④强烈反对

21. 您过去一年中参加了几次市民议事活动?

①4 次及以上 ②3 次

③2 次 ④1 次

⑤0 次

22. 您参加市民议事活动时大多数的状态?

①自己积极参加 ②我当选为市民代表

③主办方邀请我参加 ④领导让我去凑数

⑤看热闹 ⑥其他

23. 您在市民议事会上提过建议吗?

①经常提 ②偶尔提

③从不提（选此项者跳过 24 题）

24. 您提的建议被采纳过吗?

①很多 ②少数

③从没

25. 您参加市民议事活动的感受是怎样的?

①非常有意义　　②比较有意义

③无所谓　　④感觉是折磨

26. 您对自己在市民议事活动上的表现满意吗?

①非常满意　　②一般满意

③不满意　　④无所谓

27. 您会与他人在会外讨论市民议事活动的议事内容吗?

①经常　　②偶尔

③不会

28. 您在会后会关注政府解决问题的情况吗?

①非常关注　　②偶尔关注

③不关注

29. 您对市民议事活动的看法是?请说出原因。

①非常好________________________________

②很好__________________________________

③一般__________________________________

④其他__________________________________

附录三 访谈提纲

街道和社区负责人访谈提纲

1. 街道或社区的基本情况，包括所辖社区数、人数及人员组成、居民主要收入来源、社区内的各类组织、本街道或社区开展市民议事会的大致情况、成绩、问题等。

2. 了解街道和社区两级召开市民议事会的整个流程，即从议题确定、议事内容、组织程序、会议召开、会后反馈、市民监督等。

3.《意见》中指出，社区级市民议事活动参与人员中，“协商议事会”是个什么组织？每个社区都设置了吗？是否只在社区层级设置？

4. 对于区级市民议事活动，议题责任单位通过“有效途径”广泛公开相关信息，这里的“有效途径”主要有哪些？街道和社区的“公开栏”所在位置是否醒目？是否为女性在日常生活中经常能到达的地方？社区中的“明白纸”是发到每家每户吗？

5. 一年中三级（区级、街道、社区）市民议事会大约各能举办几次？如果报名参会的人特别多，为限制规模，主办方会怎么取舍？有什么标准吗？党员或什么身份是否会优先？社区党员中有多少女性？占比多少？《意见》“参与人员”中“有参与意愿的代表”，这部分人中有妇女吗？

6. 是否有与会人员名单或对其进行了分性别统计（目的是确定参会人员的性别比例）？三级市民议事活动的主办方是否关注参会人员的性别比例？您认为在市民议事活动中女性代表少是个问题吗？如果男性代表少，您会觉得是个问题吗？为什么？

7. 有无措施保障性别比例偏少的一方？假如女性参与比例不理想，是否会给予政策支持或措施保障？譬如：第一，是否可以参照2011年的《山东省村民委员会选举办法》的做法，在《意见》中硬性规定女性代表参与的比例，如不低于30%？第二，会前是否会专门召开女性参会动员会？还是其他举措？

8. 据区妇联同志讲，本区社区妇联成立了妇女议事会，还有XT社区巾帼联户推出微信办公，设置“巾帼联户制度”，您觉得妇联的措施对妇女参与市民议事会的行动有影响吗？能起到促进作用吗？

9. 街道和社区中是否有女性组织？比较活跃的有哪些？主要活动是什么？她们会对妇女参加市民议事活动有助益

吗？街道或社区有针对妇女的专门培训吗？哪方面的？有参政议政方面的吗？

10. 活动中的发言情况是否有详细记录？发言人员的性别比如何？男性和女性关心的议题有何异同？

11. 关于会后针对问题的解决情况，男性和女性的监督情况怎么样？

12. 如果参与不活跃，又是哪些因素造成的？女性在活动参与中比较积极，您觉得是哪些因素促成的？（包括身份、收入、家庭成员组成、文化程度、是否是某组织成员、家务劳动时间、个人能力等）

13. 2015 年底山东省人大内司委、法工委、政府法制办、妇联联合下文，建立地方法规政策性别平等咨询评估机制，之后要求各市都要成立这样的评估机制。C 区现在建立了吗？

不管女性在其中的参与情况怎样，市民议事制度作为推动基层民主，扩大民众参政议政的一条重要渠道，也是一个探索，都是好的。需要肯定其成绩，总结其经验，找出其不足，完善其方案。

市民个人访谈提纲

1. （针对第 4 题）您觉得党员身份对参加市民议事活动有影响吗？党员是否有优先权？

2. 您参加过区级或街道的市民议事会吗？在参政议政

方面，您经常还参加哪些活动（人大代表选举、居委会选举、街道上的活动)？

3. 村改居前，您以前参加过村“两委”竞选吗？当时投票在您自己单独投的吗？自己投或代投或弃权，为什么？如是男性，还可问“您妻子的选票是她自己投，还是让你代投？”（如是代投，是您要求的，还是她自愿的？）

4. 村改居之后，在参与公共事务方面，您有什么变化吗？比以前积极了吗？为什么？您觉得自己在参加公共事务方面称得上积极分子吗？不是的话，为什么？如何想的？

5. 家人或亲戚中有从政或参与公共事务比较积极的吗？您觉得他/她对你有什么影响吗？

6. 您对现在的生活状态满意吗？您感觉现在和以前相比，更幸福了吗？

7. 你们社区居规民约修改了吗？修改后您印象最深的变化是什么？如没修改，按居规民约议事，您觉得里边突出的问题是什么？

主要参考文献

一、中文参考文献

（一）论著类

1. 李小江、朱虹、董秀玉主编：《性别与中国》，三联书店1994年版。

2. 王政、杜芳琴主编：《社会性别研究选译》，三联书店1998年版。

3. 李小江等：《女性？主义——文化冲突与身份认同》，江苏人民出版社2000年版。

4. 徐午、许平、鲍晓兰、高小贤主编：《社会性别分析：贫困与农村发展》，四川人民出版社2000年版。

5. 马元曦主编：《社会性别与发展译文集》，三联书店2000年版。

6. 李慧英主编：《社会性别与公共政策》，当代中国出版社2002年版。

7. 杜芳琴、王政主编：《中国历史中的妇女与性别》，天津人民出版社 2004 年版。

8. 罗晓戈主编：《女性学》，湖南大学出版社 2004 年版。

9. 李银河：《女性主义》，山东人民出版社 2005 年版。

10. 徐安琪主编：《社会文化变迁中的性别研究》，上海社会科学院出版社 2005 年版。

11. 王凤华、贺江平等：《社会性别文化的历史与未来》，中国社会科学出版社 2006 年版。

12. 刘霓：《西方女性学：起源、内涵与发展》，社会科学文献出版社 2007 年版。

13. 李银河：《后村的女人们——农村性别权力关系》，内蒙古大学出版社 2009 年版。

14. 王金玲、林维红主编：《性别视角：文化与社会》，社会科学文献出版社 2009 年版。

15. 时树菁编：《中国基层治理问题研究》，中国社会科学出版社 2015 年版。

16. 李小江：《女性乌托邦》，社会科学文献出版社 2016 年版。

17. 卓惠萍：《论政府对农村性别文化的型塑与重构》，山东大学出版社 2017 年版。

18. 张乾友：《社会治理的话语重构》，中国社会科学出版社 2017 年版。

19. 汪世荣：《"枫桥经验"：基层社会治理的实践（第 2

版）》，法律出版社 2018 年版。

20. 杨荣：《社区权力与基层治理》，社会科学文献出版社 2019 年版。

21. 李皋：《基层治理七十年》，中国民主法制出版社 2019 年版。

22. 曾红颖：《创新社会治理：行动者的逻辑》，社会科学文献出版社 2019 年版。

23. 张静：《社会治理：组织、观念和方法》，商务印书馆 2019 年版。

24. 阎连科：《她们》，河南文艺出版社 2020 年版。

25. 张康之：《社会治理的经络》，社会科学文献出版社 2020 年版。

26. ［美］埃莉诺·奥斯特罗姆：《公共事务的治理之道》，余逊达等译，上海三联书店 2000 年版。

27. ［美］迈克尔·麦金尼斯主编：《多中心治道与发展》，毛寿龙译，上海三联书店 2000 年版。

28. ［美］罗斯玛丽·帕特南·童：《女性主义思潮导论》，艾晓明译，华中师范大学出版社 2002 年版。

29. ［美］梅里·E. 威斯纳-汉克斯：《历史中的性别》，何开松译，东方出版社 2003 年版。

30. 周颜玲、［美］凯瑟琳·W. 伯海德主编：《全球视角：妇女、家庭与公共政策》，王金玲等译，社会科学文献出版社 2004 年版。

31. ［美］珍妮特·V. 登哈特、罗伯特·B. 登哈特等：《新公共服务：服务，而不是掌舵》，丁煌译，中国人民大学出版社 2004 年版。

32. ［美］理查德·C. 博克斯：《公民治理：引领 21 世纪的美国社区》，孙柏瑛等译，中国人民大学出版社 2005 年版。

33. 白馥兰：《技术与性别——晚期帝制中国的权力经纬》，江湄、邓京力译，江苏人民出版社 2006 年版。

34. ［美］戴维·斯沃茨：《文化与权力：布迪厄的社会学》，陶东风译，上海译文出版社 2006 年版。

35. ［美］朱迪斯·巴特勒：《消解性别》，郭劼译，上海三联书店 2009 年版。

36. ［美］朱迪斯·巴特勒：《性别麻烦：女性主义与身份的颠覆》，朱素风译，上海三联书店 2009 年版。

（二）期刊类

1. 李小江：《我们用什么话语思考女人——兼论谁制造话语并赋予它内涵》，《浙江学刊（双月刊）》1997 年第 4 期。

2. 王金玲：《市场化对农村女性价值地位的改建——以经济学为视角，以浙江省为例》，《浙江学刊》1999 年第 3 期。

3. 杜芳琴：《妇女研究的历史语境：父权制、现代性与性别关系》，《浙江学刊》2001 年第 1 期。

4. 杜芳琴：《现代化与父权制：性别视角的审视》，《妇女研究论丛》2001 年第 5 期。

5. 沈文捷：《女性：男权话语和分析框架中的客体》，《妇女研究论丛》2002 年第 5 期。

6. 王金玲：《性别文化及其先进性别文化的构建》，《浙江学刊》2003 年第 4 期。

7. 魏国英：《性别文化的理念建构与本土特征》，《内蒙古大学学报（人文社会科学版）》2003 年第 4 期。

8. 丁娟、黄桂霞：《先进性别文化与先进文化的同构》，《思想战线》2003 年第 5 期。

9. 叶文振等：《中国女性的社会地位及其影响因素》，《人口学刊》2003 年第 5 期。

10. 谭琳：《在变化的社会系统中关注妇女和性别问题——读〈转型社会中的中国妇女〉的思考》，《妇女研究论丛》2004 年第 5 期。

11. 黄桂霞：《性别文化的去向——从权力文化到平等性别文化》，《中华女子学院山东分院学报》2005 年第 3 期。

12. 陈慧平：《先进性别文化构建的哲学思考》，《山西师大学报（社会科学版）》2005 年第 3 期。

13. 吴小英：《探寻性别关系和性别研究的潜规则》，

《社会学研究》2005 年第 3 期。

14. 李银河：《性别问题上的生理决定论与社会建构论》，《社会理论》2006 年第 2 期。

15. 鲍静：《应把社会性别理论纳入我国公共管理的研究与实践》，《中国行政管理》2006 年第 8 期。

16. 谭琳：《构建先进性别文化的国家责任》，《河北大学学报（哲学社会科学版）》2007 年第 1 期。

17. 袁玲儿：《构建社会主义先进性别文化刍议——兼谈新农村建设中的妇女问题》，《社会主义研究》2007 年第 1 期。

18. 谭琳：《论先进性别文化的构建》，《南开学报（哲学社会科学版）》2007 年第 2 期。

19. 谭琳：《论和谐社会的性别关系特征》，《理论导刊》2007 年第 12 期。

20. 崔应令：《观念与制度的共谋——女性社会地位与作用失衡现象思考》，《武汉大学学报（哲学社会科学版）》2009 年第 2 期。

21. 张永英：《改革开放三十年中公共政策对性别平等的影响》，《浙江学刊》2009 年第 4 期。

22. 梁芷铭、徐福林、罗福勇：《转型期社会治理创新：理论表达、基本内容及策略抉择》，《前沿》2016 年第 1 期。

23. 王岩、魏崇辉：《基层社会治理的理性认识与实践路径探究》,《中国行政管理》2016 年第 3 期。

24. 周淼淼:《对新时期基层社会治理创新的再认识:理念与路径探索》,《改革与开放》2017 年第 11 期。

25. 张国磊、张新文:《基层社会治理的实践路径与制度困境研究》,《中国行政管理》2018 年第 1 期。

26. 刘理晖:《我国社会治理的政策内涵与内容体系》,《社会治理》2018 年第 11 期。

27. 李乾坤:《妇联参与社会治理的历史进程与经验研究》,东北师范大学博士学位论文,2019 年。

28. 麦伟杰:《社会治理的基本内涵与实践启示》,《理论与现代化》2019 年第 2 期。

29. 关庆华:《精细化治理:推进基层社会治理创新的路径探索》,《法治博览》2019 年第 10 期。

30. 潘从君:《习近平社会治理观研究》,山东农业大学硕士学位论文,2020 年。

(三) 网摘类

1. 中国妇女研究网,http://www.wsic.ac.cn。

2. 中国妇女网,http://www.women.org.cn/index.html。

3. 社会性别与发展在中国,http://www.china-gad.org/Index.html。

4. 妇女与社会性别研究网,http://www.tjnu.edu.cn/

women/index. html。

5. 中华人民共和国中国政府网，http://www. gov. cn/。

6. 国务院妇女儿童工作委员会，http://www. nwccw. gov. cn/html/news. html。

7. 人民网，http://www. people. com. cn/。

8. 新华网，http://www. xinhuanet. com/。

9. 中国治理网，http://www. 51xinshidai. com/。

二、英文参考文献

1. Andors, P. 1983. *The Unfinished Liberation of Chinese Women*, 1949-1980. Bloomington: Indiana University Press.

2. Johnson, K. A. 1983. *Women, the Family and Peasant Revolution in China*. Chicago: University of Chicago Press.

3. Honig, E. & G. Hershatter. 1988. *Personal Voices: Chinese Women in the* 1980's. Stanford, Calif.: Stanford University Press.

4. Judd, E. R. 1989. Niangjia: Chinese Women and Their Natal Families. *Journal of Asian Studies*, 48(3).

5. Horna, J. L. 1989. The Leisure Component of the Parental Role. *Journal of Leisure and Recreation*, 35(3).

6. Giddens, A. 1991. *Modernity and Self－Identity*.

Self and Society in the Late Modern Age. Cambridge: Polity Press.

7. Gilmartin, C., G. Hershatter, L. Rofel & T. White eds. 1994. *Engendering China: Woman, Culture and the State*. Cambridge: Harvard University Press.

8. Hall, C. 1997. *Daughters of the Dragon: Women's Lives in Contemporary China*. London: Scarlet.

9. Jacka, T. 1997. *Women's Work in Rural China: Change and Continuity in an Era of Reform*. Cambridge: Cambridge University Press.

10. Jacka, T. 2006. Approaches to Women and Development in Rural China. *Journal of Contemporary China*, 15(49).

后 记

社会治理作为国家治理体系和治理能力现代化的重要组成部分，自十八届三中全会召开以来受到社会各界的高度重视。围绕社会治理创新，实务工作者积极探索，理论工作者辛勤耕耘。社会治理强调政府与社会的互动，强调个体公民的参与，而且公民参与路径多元，政治参与便是其中之一，这恰好与我关注多年的基层妇女政治参与有了契合点。一个偶然的机会，因其他课题的调研活动与青岛市 C 区区委党校领导有了沟通机会，了解到了该区的市民议事制度及其实践情况，这便有了本书的选题。

围绕该选题，我先后主持并完成了中国妇女研究会和山东省妇联研究室的两项研究课题，这不仅为本书积累了数据资料，也坚定了写作底气。本书的实地调研受到了 C 区区委党校的大力支持，在其协助下我顺利地完成了问卷调查与访谈活动工作，还与 C 区组织部负责市民议事活动的工作人员、C 区妇联负责妇女议事会的工作人员、街道负责人、社区负责人、居民等进行了深度座谈，获得了大量的一手资料和信息，在此深表感谢！另外，本书能够顺利出版，也要非常感谢山东大学出版社及编辑陈海军、傅侃的大力帮助！同时，也要感谢我的爱人鲁彦平先生，多少次就写作框架、某些观点进行了探讨与争辩，使得写作思路愈益明晰。

勤是书山径，苦为学海舟。付梓成册是一个结束，亦是一个新的开始。我愿在学术路上追梦不息！

卓惠萍

2020 年 8 月 25 日于青岛